编 委 会

主　编：何立峰

副主编：林念修

编　委：伍　浩　王昌林　朱建武　包献华　贾敬敦　任福君

编 写 组

组　长：伍　浩　王昌林　朱建武

副组长：赵　军　阮高峰　罗　蓉　徐　彬　赵立新　刘国艳　姜　江

成　员：（按照姓氏笔画排序）

马　健　王　婷　邓元慧　田　帆　田　彬　白慧林　申伶坤

李　帅　李　锴　成　卓　任中保　刘　方　刘　祯　刘中全

刘华益　刘雅琦　孙启新　孙祥民　邱　灵　陈宏生　陈　晴

张志华　张绍阳　张铭慎　张雅琪　张铠麟　房　瞻　庞　诗

赵　宇　赵　静　郭文波　段俊虎　胡艺鸽　袁　军　徐示波

徐文舸　符星华　曹煜中　韩　祺　曾红颖　蒋同明　谢松延

廉　莉　雷　洋　蔺　洁　管立军　黎晓奇　霍福鹏　魏国学

2019年
中国大众创业万众创新发展报告

国家发展和改革委员会

人民出版社

序　言

　　2019 年是新中国成立 70 周年,是全面建成小康社会、实现第一个百年奋斗目标的关键之年。习近平总书记强调,要向改革开放要动力,营造有利于创新创业创造的良好发展环境,最大限度释放全社会创新创业创造动能。李克强总理多次就深入推进创新创业工作做出重要指示批示。按照党中央、国务院的部署,各地区各部门增强"四个意识",坚定"四个自信",做到"两个维护",齐心协力,深入落实创新驱动发展战略,持续推进创新创业走深走实,为助力经济高质量发展作出了新贡献。回顾 2019 年,创新创业格局呈现出五个"更加聚焦"的新特点。

　　一是更加聚焦提升创新创业主体质量。创新创业服务支撑不断强化。新增市场主体保持高位增长,成活期和成活率稳步提高,新企业进入和退出更趋合理,"新陈代谢"逐步转入正常轨道。与此同时,高技术领域的创新创业活动更趋活跃,越来越多的高成长科技型企业和"隐形冠军"、"小巨人"、"专精特新"企业快速涌现。大量的科技型创新创业主体加速走入市场的中心大舞台。

　　二是更加聚焦发挥创业带动就业作用。创新创业面对当前就业压力加大、结构性就业矛盾突出的艰巨挑战,更加关注高校毕业生和农民工等重点群体创业就业诉求,积极鼓励不同地区、不同行业研究

1

出台一系列政策措施,进一步引导更多社会主体投身创新创业,以社会服务领域为重点的"互联网+创业单元"等创业新模式加快发展,创造出更多就业岗位,带动关联产业增加就业岗位,更多有意愿的劳动者在市场上找到了适宜岗位。创新创业的就业"稳定器"、增长"加速器"作用进一步显现。

三是更加聚焦培育壮大经济发展新动能。创新创业主动适应、把握和引领经济发展新常态,积极作为,针对重点领域、典型区域和关键群体的特点精准施策,不断增强市场主体创新活力和产业创新发展能力。新产品、新市场加快开发,小企业"铺天盖地"、大企业"顶天立地"的局面不断拓展。5G 网络、云计算、大数据、车联网等新一代信息技术与实体经济加速融合,平台经济、共享经济、"互联网+"和"智能+"等新业态新模式加快发展,一批特色产业集群不断培育壮大。

四是更加聚焦增强科技创新支撑能力。创新创业积极应对新科技革命和产业变革的新态势,瞄准我国科技创新能力弱项和关键核心技术供给短板,着力发挥我国的人才优势,推进多领域、跨学科、群体性突破。大力扩大高校和科研机构自主权,完善以市场为主体、产学研深度融合的技术创新体系,突破一批关键共性技术、前沿引领技术、现代工程技术、颠覆性技术创新,加速科技创新成果转化和应用,有效发挥了支撑科技创新的重要作用。

五是更加聚焦缓解创新创业痛点堵点。创新创业着力围绕市场主体反映的突出困难问题,大力创新体制机制,不断优化创新创业创造生态。"放管服"改革和营商环境建设不断深化,创新创业融资渠道更加多元化,部分行业无形门槛进一步减少,创新创业政策"碎片化"和"同质化"不断改善,科技成果转化激励等重要政策落地难、见效慢现象有所改观,一批重大改革经验举措在全国复制推广,一批新举措、新政策正加快出台,市场活力和社会创造力得到加快释放。

2020年是全面建成小康社会和"十三五"规划收官之年,面对突如其来的新冠肺炎疫情,创新创业在困难中沉着,在沉着中希冀,在希冀中向上,要更加突出创业带动就业、根据新情况提出新举措,以只争朝夕、不负韶华的激情,奋力拼搏、真抓实干,为统筹推进疫情防控和经济社会发展加油增力。

编　者

2020 年 4 月

目　录

总　论

深入推进创新创业创造
助力经济高质量发展

2019 年,在习近平新时代中国特色社会主义思想指导下,各地区各部门加快实施创新驱动发展战略,持续推进创新创业蓬勃发展。市场主体活力和竞争力稳步提升,创业主体更加活跃稳健,创业融资更加成熟规范,政策措施更加协同精准。创新创业创造与经济社会发展更加紧密融合,有效释放了市场活力和社会创造力,创造出更多稳定就业岗位,为加快新旧动能转换、推动经济高质量发展提供了强有力支撑。

一、市场主体创新发展能力稳步提升

随着"放管服"改革不断深化,创新创业环境不断优化,市场主体活力得到增强,同时也涌现出了更多竞争力强、成长性好、知名度高的创新创业主体。

企业主体活力持续增强。新登记企业继续保持平稳增长,2019 年新登记企业数量达到 739.1 万户,同比增长 10.3%,全年日均新设企业 2.02 万户。实有企业数量达到 3858.3 万户,同比增长 11.1%。企业创新能力明显提升,研发经费支出规模稳定增长,专利产出稳步提升。2019 年我国共受理 PCT 专利 6.1 万件,同比增长 10.4%,国内发明专利申请中企业比重达到 65.0%,较上年提高 0.6 个百分点。

《财富》杂志公布的2019年世界500强企业排行榜中,有129家来自中国,占比超过四分之一。

高估值企业数量规模持续扩大。2019年,全球知名风投调研机构CB Insights的最新榜单上有92家独角兽企业来自中国,占全球独角兽企业总数的三分之一,主要分布于新零售等新兴消费领域,人工智能、机器人、新能源汽车和大数据等高端制造和高新科技领域,独角兽企业的"硬科技"特征更加显现。根据全球INS大会研究院联合经济观察报政研院等机构发布的《2019年中国瞪羚企业数据报告》,目前全国共有25057家高新技术企业成为瞪羚企业,高新技术企业、民营企业和中小企业已成为瞪羚企业的主体。

创新型企业研发实力不断增强。《2019欧盟工业研发投入记分牌》显示,中国有507家企业进入全球研发投入2500强,较上年增加69家。其中,华为以127.6亿欧元的研发投入总额排名第5位,占企业营业收入的13.9%,远高于三星公司的7.8%和苹果公司的5.4%。此外,阿里巴巴以48亿欧元的研发投入位居第28位,占营业收入的比重达到9.9%。《2019年中国企业500强》中填报数据的426家企业投入研发费用9765.48亿元,同比增长21.71%。企业平均研发投入为22.9亿元,增长9.1%;企业平均研发强度增长至1.60%,提高了0.04个百分点。

二、创业带动就业效应更加显现

越来越多的大学生、科研人员、归国人员、返乡农民工发挥自身优势投身创新创业,劳动者对新兴职业的接受度越来越高,创新创业形式更加多元、渠道更加通畅、特色更加鲜明,创新创业更加成为不同群体创造价值、实现梦想的有效途径。

创业公司招聘人数大幅增加。佰职就业大数据显示,2019年创业公司互联网全网招聘人数达到263.64万人,同比增速高达85%。

互联网、电子商务行业,教育、培训、院校行业,房地产、建筑、建材、工程行业,咨询、财会、法律、人力资源行业,医疗、护理、美容、保健、卫生行业等招聘人数增幅均超过 100%。

更多青年和大学生成为创业者。2019 年新登记注册青年创业者达到 446.7 万人,同比增长 4%。其中,大学生创业者 74.1 万人,同比增长 9%。2019 年大学生创业呈现专科生占多数、在校生增幅较大、创业率总体上升等特点。九成以上大学生创业者集中在第三产业,主要从事批发和零售业、租赁和商务服务业、住宿和餐饮业、科学研究和技术服务业、信息传输、软件和信息技术服务业等。

留学人员回国创业引力增强。相关部门认真落实党中央、国务院部署,通过完善政策、加强服务、实施人才工程等,不断优化留学回国人员创新创业环境,吸引更多优秀留学人才投身创新创业。各地积极开展留学人才项目交流活动,搭建留学人才回国创新创业的桥梁。各地留学人员创业园聚焦地方产业优势,发挥留学人员创新创业特长,成为人才密集、以科技创新带动地方产业发展升级的重要平台,一大批留学人员创办的高新科技企业在园区内实现产业化,成功迈向国内乃至国际产业前沿和市场高端。截至 2019 年底,我国留学回国人员总数达 621.06 万人。

农民工等返乡入乡创业活动高涨。返乡入乡创新创业的政策支持体系不断完善,农民工返乡创业园、农村创新创业和返乡创业孵化实训基地快速发展,县级农村电商服务中心、物流配送中心和乡镇运输服务站等配套服务设施不断增加,新增建设用地计划指标优先保障县以下返乡创业用地,推动农民工等返乡入乡创业规模不断扩大。据农业农村部监测,2019 年全国返乡入乡创业人员已达 850 万人,在乡创业人员达 3100 万人。农民工返乡创业的蓬勃发展,为促进农村经济繁荣发展、促进农民创业增收、带动农村富余劳动力就地就近转移就业发挥了重要作用。

创新创业催生一批新就业岗位。移动互联网、大数据、云计算、人工智能、物联网等信息技术加速发展,催生了人工智能工程技术人员、物联网工程技术人员、大数据工程技术人员、云计算工程技术人员、数字化管理师等 13 个新职业,"80 后"和"90 后"成为新职业从业者的主力军,占比超过 90%。同时,信息技术应用推动传统产业数字化,促进了生活服务业的升级改造,线上餐厅装修师、电竞顾问等小众职业越来越受到年轻人青睐。新技术和新业态发展不断增加用工需求,数字经济、平台经济、共享经济吸纳就业能力持续增强。

三、创业投资市场保持平稳发展

我国创业投资市场砥砺前行,呈现融资渠道多元、融资模式规范、总体平稳态势。政府引导基金加快投资步伐,政府性融资担保机构回归担保主业,早期投资、创业投资继续放缓投资节奏,资本市场逐步释放改革红利,非股权融资领域不断创新金融产品与服务模式。

政府引导基金从"遍地开花"式增量扩容逐步转入"精耕细作"式存量提升。截至 2019 年底,全国共设立 1707 支政府引导基金,总目标规模达到 10.81 万亿元,已到位资金规模 4.69 万亿元。在整体募资难度加大的环境下,多数政府引导基金加快投资进度,持续为股权投资市场提供资金支持,近几年设立的基金约半数的投资比例达到 50%。各地政府引导基金通过投资大力支持当地重点产业发展,推动了经济结构调整和产业转型升级。在当前转向存量基金运营管理的趋势下,政府引导基金的管理机构更加重视投后管理,为子基金及被投企业主要提供对接项目、出资人、第三方中介资源以及相关的专业咨询或建议,同时对投后管理设置了相对完善的风控措施,以增强对子基金和被投企业的风险管理。

基金募集市场明显下降。随着金融监管制度不断完善、监管方式逐步规范,早期投资和创业投资基金募集数量与募集规模稳中有降。2019 年,全国早期投资机构新募集 84 支基金,同比下降24.3%;披露募集金额为 119.25 亿元,同比下降 34.4%。国资背景的出资人成为早期投资基金募资的主要来源,出资占比达到52.6%。2019 年,受宏观经济、行业监管等因素变化影响,我国创业投资市场新募集的基金数量和金额延续上年的下滑趋势。创业投资机构新募集 702 支基金,同比下降 4.2%,其中披露募资规模的 698支基金新增募集金额为 2167.9 亿元,同比下降 28.3%。新募基金的平均募资规模降至 3.1 亿元,同比下降 32.7%。

创业投资机构投资行为更加谨慎。受募资下降影响,无论是早期投资还是创业投资,投资行为都变得更加谨慎。2019 年,早期投资的案例数和总金额连续第二年出现回落,当年全国共发生 1362 起早期投资案例,同比下降 24.1%,披露投资金额为 113.36 亿元,同比下降 20.4%;平均单笔投资金额为 952.6 万元,同比上涨 1.2%。创业投资市场共发生 3455 起投资案例,同比下降 20.0%,其中披露投资金额的 2879 起投资交易共涉及 1577.8 亿元,同比下降 25.5%。受市场不确定性加大影响,创投机构避险情绪明显提升,导致初创期投资占比下降、扩张期投资占比上升。2019 年,扩张期和成熟期的投资案例共发生 1902 起,占比由上年的 52.2% 上升至 55.1%;投资金额共计 1070.5 亿元,占比上升至 67.8%。

新一代信息技术和生物技术领域成为投资热点。在不确定性的环境下,早期投资机构和创业投资市场更多关注科技创新行业。2019 年,新一代信息技术和生物技术/医疗健康行业是早期投资的重点投向行业,披露金额的案件数占比和投资金额占比分别为62.8% 和 61.9%。随着互联网流量红利见顶,创投机构逐渐青睐具备"硬科技"属性的信息技术行业与抗周期性的生物技术/医疗健康行业,两者排名位居前两位,而互联网行业的投资排名首次降至第三,无论从投资案例数和投资金额看,三者合计占比均接近60%。值得注意的是,半导体及电子设备行业、机械制造行业等领域日益获得创投机构的关注,投资活跃度排名进入前五。

四、创新创业动能更加强劲

创新创业与经济社会发展更加融合,在推动经济高质量发展、加快新旧动能转换方面的作用不断增强,助推培育壮大发展新动能,增强社会服务新供给,加速区域经济转型,推动创新发展能力提升,有力支撑经济持续健康发展和社会大局稳定。

双创示范基地引领作用不断增强。在有关地方、部门大力支持下,120家国家双创示范基地大胆改革创新,积极推进创新资源有效集聚,不断释放市场主体活力,加快培育发展新动能,为推动经济高质量发展发挥了重要作用。创业带动就业水平大幅提升,不完全统计,2019年区域类示范基地新增就业超过90万人,企业和院所示范基地带薪兼职创业人员超过2000人,分别增长31.4%和35.2%。科技创新能力持续增强,2019年建设一批双创支撑平台项目,区域示范基地技术合同成交额超过1750亿元,高校、院所示范基地成果转化交易额约90亿元,分别同比增长48%和22.5%。产业创新后劲进一步夯实,2019年区域示范基地新登记企业约68万户,同比增长64.1%;新增高新技术企业超过8410家,同比增长24.1%。

平台支撑作用进一步夯实。2019年各类科技创新服务支撑平台和企业创新创业平台加快发展,覆盖范围继续扩大,服务能力不断提升,为促进经济高质量发展提供了基础性支撑。全国众创空间的发展呈现出"数量稳步攀升、质量稳步提升"的态势,"成果+孵化""投资+孵化"正在成为众创空间发展的新模式。专业化众创空间更加聚焦支持新兴产业和"硬科技",更加突出法人实体作用,更加注重产学研融通创新,更加强化龙头骨干企业对产业链和创新链的协同整合能力。科技企业孵化器呈现"数量持续稳步扩大、结构不断优化完善、注重企业融通发展、创新要素加快聚合"的发展态势。国家大学科技园成为推动科技成果转移转化、培育创业主体、促进高校资源开放共享、服务地方经济发展的重要平台载体。以央企"双创"平台为代表的大企业创新创业平台在构建双创生态、科技产业融合和产业高质量发展方面显示出较强示范作用。中小企业创新创业平台聚焦公益性强、服务范围广、市场缺位和失灵的双创服务领域,开展融通创新、公共技术服务等多种服务,对初创企业和中小企业创新创业提供了良好服务支撑。国家电子商务示范基地不断壮大,成为引领和推动我国电子商务创新发展的重要载体。

新旧动能转换取得积极进展。我国新型网络基础设施持续升级,5G 网络、云计算、大数据、车联网等新一代信息技术与实体经济加速融合,产业规模继续保持较高水平。相关技术加速向各行业的应用场景渗透,助力云游戏产业快速发展,金融行业生态加速重塑,智慧城市步入协同创新发展阶段,智慧医疗应用场景不断丰富。前沿技术加快形成群体性突破,区块链特色应用场景加速落地,助力实体产业和传统金融发展,人工智能安全迎来发展浪潮,量子通信技术应用探索持续深入,云化虚拟现实产业有望形成有规范、有标准的产业链,开创集约运营、规模发展的新时代。新动能持续壮大为扩大内需、推动经济高质量发展贡献更大力量。2019 年高技术制造业增加值增长 8.8%,高出规模以上工业 3.1 个百分点。

五、创新创业创造生态更加优化

围绕创新创业创造发展面临的堵点痛点难点,中央和地方更加精准地出台和实施了一系列重要政策措施,取得积极成效。

持续推进"放管服"改革。国务院陆续出台了旨在推广地方改革举措、规范在线政务服务、从根本上杜绝"准入不准营"现象的相关文件。出台《优化营商环境条例》充分显示了国家持续深化简政放权、放管结合、优化服务的改革勇气和决心,体现了国家对保障各类市场主体平等、有序发展的高度重视。世界银行最新发布的《2020 年营商环境报告》,2019 年中国的营商环境从上年的第 46 位又上升到第 31 位,连续第二年被评为全球营商环境改善幅度最大的10 个经济体之一。

持续深化科技体制改革。制定一系列政策文件,鼓励发展新型研发机构,完善科技企业孵化器评价指标体系,促进大学科技园创新发展,着力推进创新体系建设。狠抓科研项目资金管理等政策贯彻落实,开展科研项目经费使用"包干制"改革试点,推动预算调剂和仪器采购管理权、科研人员的技术路线决策权、项目过程管理权落实到位等推进科技管理权限的下放,赋予科研单位和科研人员更大自主权。深化职业资格制度管理,规范职业资格管理权限,改革完善技能人才评价制度。强化制度约束,确立知识产权严保护政策导向,强化知识产权保护力度。加大授权力度,简化管理程序,积极实施对完成和转化职务科技成果做出重要贡献人员的奖励和报酬,大力促进科技成果转化。

持续推进市场主体创新改革。印发《关于营造更好发展环境支持民营企业改革发展的意见》,通过优化公平竞争的市场环境、完善精准有效的政策环境、健全执法司法对民营企业的平等保护机制、引导民营企业深化改革和加强创新等,营造市场化、法治化、国际化营商环境。印发 2019 版国务院国资委授权放权清单,修改中央企业经营业绩考核办法,印发中央企业工资总额管理办法、支持中央企业加快关键核心技术攻关激励、扩大科技型企业股权和分红激励实施范围等政策文件,突出创新驱动考核导向,将关键核心技术攻关纳入考核体系,完善创新创业的容错机制,充分激励中央企业科研人员创新创业积极性。

持续加大财税金融等政策支持。加强财政资金支持和统筹力度,积极提高中央财政用于支持和引导地方政府落实国家创新驱动发展战略和科技发展政策、优化区域科技创新环境、提升区域科技创新能力的共同财政事权转移支付资金的使用效益,引导更多社会资本和资源支持创新创业创造与产业转型升级。加大对退役士兵和建档立卡贫困人口、失业人员、高校毕业生等重点群体创业就业税收优惠力度,实施小微企业普惠性税收减免,下调社保费缴费比例等,推动双创税收免税程序便捷化。优化金融服务体系,深化民营和小微企业金融服务综合改革试点,放宽小微企业不良贷款容忍度,降低小微企业创业担保贷款申请条件,建设全国中小企业融资综合信用服务平台,多渠道加大双创金融支持力度。

第一章　创新创业环境

2019 年,党中央、国务院做出了一系列重大决策部署,加快推动各项改革举措落实落地,着力解决创新创业痛点堵点难点问题,持续改善创新创业环境,为我国创新创业迈向高质量发展新阶段提供了有力支撑。

第一节　健全体制机制

各地区各部门在健全体制机制上持续发力,在深化"放管服"改革、建立区域协调发展机制、健全人才激励机制、推进国有企业改革等方面实施了一系列重要政策措施,取得积极成效。

一、继续深化"放管服"改革

更大范围复制推广优化营商环境改革举措。2019 年 10 月 8 日国务院第 66 次常务会议正式通过《优化营商环境条例》(国务院令第 722 号),自 2020 年 1 月 1 日起正式施行。这是我国为持续优化营商环境颁布的第一部专门行政法规,进一步凸显了国家持续深化简政放权、放管结合、优化服务的改革勇气和决心,体现了国家对保障各类市场主体平等、有序发展的高度重视。近年来,各地区、各部门认真贯彻落实党中央、国务院决策部署,深入推进"放管服"改革,深刻转变政府职能,持续优化营商环境,取得积极成效。国务院办公厅印发《关于压缩不动产登记办理时间的通知》(国办发〔2019〕8号),以为企业和群众"办好一件事"为标准,通过信息共享集成、流程集成或人员集成,简化材料、优化流程、压缩时间;印发《关于全面开展工程建设项目审批制度改革的实施意见》(国办发〔2019〕11号),深入推进审批服务便民化,提高审批效率。国务院办公厅还发布了《全国深化"放管服"改革优化营商环境电视电话会议重点任务分工方案》(国办发〔2019〕39号),从推动简政放权向纵深发展、加强公正监管、大力优化政府服务、强化责任担当四个方面提出一系列任务。《国务院办公厅关于做好优化营商环境改革举措复制推广借鉴工作的通知》(国办函〔2019〕89号)明确提出在全国复制推广借鉴京沪两地优化营商环境改革举措,其中全面复制推广实行开办企业全程网上办、压缩企业设立登记时间、全面推广电子营业执照、优化印章刻制服务、实行社保用工登记"二合一"、提供不动产登记、交易和缴税线上线下"一窗受理、并行办理"服务等 13 项改革举措;提供企业档案"容 e 查"服务、优化环境影响评价分类分级管理、实行数字化联合审图、推行工程招投标交易全过程电子化、实行施工许可证全程网上办等 23 项改革举措供全国借鉴。为进一步克服"准入不准营"现象,让企业更便捷拿到营业执照并尽快正常运营,出台了《国务院关于在自由贸易试验区开展"证照分离"改革全覆盖试点的通知》(国发〔2019〕25号)。在全国 18 个自由贸易试验区率先开展"证照分离"改革全覆盖试点,推动包括中央层面设定和地方设定的全部涉企经营许可事项"照后减证"和简化审批。北京市服务业扩大开放综合试点积极创新管理服务模式,优化营商环境。外资企业商务备案和工商登记"一口办理"模式经国务院常务会议决定在全国推广,全程全城通办的工商登记服务体系、外商投资企业"全周期"管理机制、协同互认的离境退税模式、"1+X"服务业监管服务平台模式等多项创新做法印发全国借鉴推广。

不断提高政务服务水平。随着科技进步和时代发展,"互联网+政务服务"已成为推进政府治理现代化、提高政务服务水平的重要途径,《国务院关于在线政务服务的若干规定》(国务院令第716号),明确一体化在线平台建设的目标要求和总体架构、一体化在线平台建设管理的推进机制、政务服务原则上应在线办理、政务服务事项办理的基本要求、实现电子证照跨地区跨部门共享和全国范围内互信互认等,推动实现政务服务事项全国标准统一、全流程网上办理。为全面及时准确了解企业和群众对政务服务的感受和诉求,接受社会监督,有针对性地改进政务服务,提升政府工作效能,国务院办公厅出台了《关于建立政务服务"好差评"制度提高政务服务水平的意见》(国办发〔2019〕51号),提出2020年底前,全面建成政务服务"好差评"制度体系,建成全国一体化在线政务服务平台"好差评"管理体系,各级政务服务机构、各类政务服务平台全部开展"好差评",线上线下全面融合,实现政务服务事项全覆盖、评价对象全覆盖、服务渠道全覆盖。同时,国务院推出一系列政策,健全制度化监管规则,创新监管方式,发布《关于在市场监管领域全面推行部门联合"双随机、一公开"监管的意见》(国发〔2019〕5号),提出通过统筹建设监管工作平台、实行抽查事项清单管理、建立健全随机抽查"两库"等7项措施,力争三到五年时间内,市场监管领域新型监管机制更加完善,实现综合监管、智慧监管。国务院办公厅印发《关于加快推进社会信用体系建设构建以信用为基础的新型监管机制的指导意见》(国办发〔2019〕35号),提出创新事前环节信用监管、加强事中环节信用监管、完善事后环节信用监管、强化信用监管的支撑保障四个方面的政策措施。

二、全力构建区域协调发展新机制

推进区域协同创新体系建设和产业链协同开放。中共中央、国务院印发《长江三角洲区域一体化发展规划纲要》提出,深入实施创新驱动发展战略,走"科创+产业"道路,促进创新链与产业链深度融合,以科创中心建设为引领,打造产业升级版和实体经济发展高地,不断提升在全球价值链中的位势,为高质量一体化发展注入强劲动能。力求到 2025 年,长三角一体化发展取得实质性进展,区域协同创新体系基本形成,成为全国重要创新策源地。优势产业领域竞争力进一步增强,形成若干世界级产业集群。创新链与产业链深度融合,产业迈向中高端,研发投入强度达到 3%以上,科技进步贡献率达到 65%,高技术产业产值占规模以上工业总产值比重达到 18%。要合力营造良好就业创业环境。健全就业创业服务体系,促进人力资源高效配置,提高就业创业水平。制定相对统一的人才流动、吸引、创业等政策,构建公平竞争的人才发展环境。实施有针对性的项目和计划,帮助高校毕业生、农民工、退役军人等重点群体就业创业。联合开展大规模职业技能培训,提高劳动者就业创业能力。成立区域公共创业服务联盟,开展长三角创新创业大赛,打造公共创业服务品牌。推动市级层面开展"双结对"合作,共促创业型城市(区)建设。北京市服务业扩大开放综合试点推进与津冀地区产业链协同开放,发展"研产分离"等合作模式,北京已有 95 家医药企业签约在河北沧州设厂,总投资额达 270 亿元;中关村企业累计在津冀设立分支机构 7300 余家。

推动自由贸易试验区释放创新活力。国务院印发上海自由贸易试验区临港新片区总体方案(国发〔2019〕15 号)和山东、江苏、广西、河北、云南、黑龙江等 6 个新设自由贸易试验区总体方案(国发〔2019〕16 号),进一步优化自由贸易试验区试点布局,推动自由贸易试验区积极开展制度创新,便利创新要素流动,支持创新成果转化,打造更加活跃高效的创新环境。商务部会同相关部门印发《关于在中国(海南)自由贸易试验区试点其他自贸试验区施行政策的通知》(商自贸函〔2019〕619 号)、《关于支持中国(海南)自由贸易试验区建设若干措施的通知》(商资发〔2019〕107 号),推动一大批改革试点任务和支持举措在海南落地实施,为海南自由贸易港建设奠定了良好的基础。《国务院关于做好自由贸易试验区第五批改革试点经验复制推广工作的通知》(国函〔2019〕38 号)、《国务院自由贸易试验区工作部际联席会议办公室关于印发自由贸易试验区第三批"最佳实践案例"的函》(商资函〔2019〕347 号)等文件印发,将自由贸易试验区探索形成的 18 项改革试点经验和 31 项"最佳实践案例"向全国复制推广或供各地学习借鉴,充分发挥自由贸易试验区引领示范作用,持续释放改革创新红利。

推动国家级新区、综合保税区高质量发展。国务院办公厅印发《关于支持国家级新区深化改革创新加快推动高质量发展的指导意见》(国办发〔2019〕58 号),提出要着力提升关键领域科技创新能力,打造若干竞争力强的创新平台,深入实施创新驱动发展战略,促进科技与经济深度融合,重大科技创新和大众创业万众创新相互推动。完善创新激励和成果保护机制。健全科技成果转化激励机制和运行机制,支持新区科研机构开展赋予科研人员职务科技成果所有权或长期使用权试点,落实以增加知识价值为导向的分配政策,自主开展人才引进和职称评审。积极吸纳和集聚创新要素。支持新区探索更加开放便利的海外科技人才引进和服务管理机制,建设海外人才离岸创新创业基地。持续增创体制机制新优势,优化管理运营机制,打造一流营商环境。《国务院关于促进综合保税区高水平开放高质量发展的若干意见》(国发〔2019〕3 号)提出,要推动创新创业,打造研发设计中心,建设创新高地。综合运用综合保税区政策功能优势,支持国家产业创新中心、国家技术创新中心、国家工程研究中心、新型研发机构等研发创新机构在综合保税区发展。

充分调动地方科技创新的积极性。经党中央、国务院同意,国务院办公厅印发《科技领域中央与地方财政事权和支出责任划分改革方案》(国办发〔2019〕26 号),从科技研发、科技创新基地建设发展、科技人才队伍建设、科技成果转移转化、区域创新体系建设、科学技术普及、科研机构改革和发展建设等方面对科技领域中央和地方财政事权和支出责任进行了划分,进一步明晰政府与市场支持科技创新的功能定位,科学合理确定政府科技投入的边界和方式,引导激励企业和社会力量加大科技投入,加快建立完善多元化、多层次、多渠道的科技投入体系。进一步突出科技领域中央与地方财政事权和支出责任的重点,中央财政侧重支持全局性、基础性、长远性工作,以及面向世界科技前沿、面向国家重大需求、面向国民经济主战场组织实施的重大科技任务,地方财政侧重技术开发和转化应用,同时,进一步发挥中央对地方转移支付作用。

三、持续健全人才流动激励评价机制

创新人才流动体制机制。中共中央办公厅、国务院办公厅印发《关于促进劳动力和人才社会性流动体制机制改革的意见》,提出要推动经济高质量发展,筑牢社会性流动基础,实施就业优先政策创造流动机会,推动区域协调发展促进流动均衡、推进创新创业创造激发流动动力。同时,要畅通有序流动渠道,激发社会性流动活力,以户籍制度和公共服务牵引区域流动,以用人制度改革促进单位流动,以档案服务改革畅通职业转换;完善评价激励机制,拓展社会性流动空间,拓展基层人员发展空间,加大对基层一线人员奖励激励力度,拓宽技术技能人才上升通道。北京市服务业扩大开放综合试点探索形成"直通车"国际引才引智模式,支持永久居留身份外籍人才创办科

技型企业。

改革完善科技人才评价机制。为贯彻落实中共中央办公厅、国务院办公厅印发的《关于分类推进人才评价机制改革的指导意见》等文件精神,2019年人力资源社会保障部联合有关部委陆续印发了《关于深化工程技术人才职称制度改革的指导意见》(人社部发〔2019〕16号)、《关于深化自然科学研究人员职称制度改革的指导意见》(人社部发〔2019〕40号)、《关于深化农业技术人员职称制度改革的指导意见》(人社部发〔2019〕114号),根据不同类型科技人才的特征,通过健全制度体系、完善评价标准、创新评价机制、与人才培养使用相衔接、加强事中事后监管、优化公共服务等措施,形成设置合理、覆盖全面、评价科学、管理规范的科技人才职称制度。同时,人力资源社会保障部还印发了《关于改革完善技能人才评价制度的意见》(人社部发〔2019〕90号),提出要健全完善技能人才评价体系,形成科学化、社会化、多元化的技能人才评价机制;坚持深化改革、多元评价、科学公正、以用为本;发挥政府、用人单位、社会组织等多元主体作用,建立健全以职业资格评价、职业技能等级认定和专项职业能力考核等为主要内容的技能人才评价制度,形成有利于技能人才成长和发挥作用的制度环境,促进优秀技能人才脱颖而出。

四、大力支持企业创新改革

增强民营企业创新活力。中共中央、国务院印发《关于营造更好发展环境支持民营企业改革发展的意见》,提出要优化公平竞争的市场环境,进一步放开民营企业市场准入,实施公平统一的市场监管制度,强化公平竞争审查制度刚性约束,破除招投标隐性壁垒;完善精准有效的政策环境,进一步减轻企业税费负担,健全银行业金融机构服务民营企业体系,进一步提高金融结构与经济结构匹配度,深化联合授信试点,鼓励银行与民营企业构建中长期银企关系,完善民营企业直接融资支持制度,健全民营企业融资增信支持体系,建立清理和防止拖欠账款长效机制;健全平等保护的法治环境,健全执法司法对民营企业的平等保护机制,保护民营企业和企业家合法财产;鼓励引导民营企业改革创新,引导民营企业深化改革,支持民营企业加强创新,鼓励民营企业转型升级优化重组,完善民营企业参与国家重大战略实施机制;促进民营企业规范健康发展;构建亲清政商关系等。

持续推进中央企业改革。2019 年 1 月 1 日起正式实施的《中央企业工资总额管理办法》(国资委令第 39 号)在继承以往有效经验和做法的基础上,对现行中央企业工资总额管理相关制度办法进行修改和完善,明确对中央企业工资总额实行分类、分级管理,规定了中央企业工资总额预算主要按照效益决定、效率调整、水平调控三个环节决定,从宏观层面完善国家、企业和职工三者工资分配关系,加大出资人向中央企业董事会授权的同时,也同步对责任落实和制度配套进行了规定。2019 年 4 月 1 日起正式实施的《中央企业负责人经营业绩考核办法》(国资委令第 40 号)突出高质量发展考核、深化分类考核、加强世界一流对标、强化正向激励,多角度构建年度与任期相结合的高质量发展考核指标体系,突出科技创新考核引导,鼓励企业加大研发投入,将研发投入视同利润;结合企业实际,对不同功能和类别的企业,突出不同考核重点,合理设置经营业绩考核权重,确定差异化考核标准;强化国际对标行业对标在指标设置、目标设定、考核计分和结果评级中的应用;强化"业绩升、薪酬升,业绩降、薪酬降",适当提高 A 级企业负责人的绩效年薪挂钩系数,鼓励探索创新,企业因实施重大科技创新、发展前瞻性战略性产业等,对经营业绩产生重大影响的,按照"三个区分开来"原则,在考核上不做负向评价。国资委印发《关于进一步做好中央企业控股上市公司股权激励工作有关事项的通知》(国资发考分规〔2019〕102 号),强化正向激励导向,加大授权放权力度,在推动落实中央企业集团主体责任的同时,进一步明确股权激励实施的规范性要求,并从科学制定股权激励计划、完善股权激励业绩考核、支持科创板公司实施股权激励、健全股权激励管理体制等方面对中央企业规范实施股权激励做出制度上的完善。

第二节 完善扶持政策

重点围绕财税政策、金融政策、人才政策、就业带动等方面,出台了一系列新政策举措,同时对先前的政策进行了细化和完善,不断推进政策落地落实,助推创新创业高质量发展。

一、加大财税支持力度

加强财政资金创新导向。为进一步扶持创新创业,相关部委和各地方政府纷纷加大财政资金的支持和统筹力度。财政部、科技部修订印发《中央引导地方科技发展资金管理办法》(财教〔2019〕129号),引导资金主要用于支持和引导地方政府落实国家创新驱动发展战略和科技改革发展政策、优化区域科技创新环境、提升区域科技创新能力。由各地结合实际,按规定统筹安排用于相关区域科技创新工作。

支持重点群体创业就业。国家高度重视重点群体创业就业问题,推出一系列税收优惠政策。财政部、税务总局、退役军人部联合印发《关于进一步扶持自主就业退役士兵创业就业有关税收政策的通知》(财税〔2019〕21号),为退役士兵创业以及招用自主就业退役士兵的企业提供税收优惠。针对失业人员、高校毕业生、建档立卡贫困人口等重点群体,财政部、税务总局、人力资源社会保障部、国务院扶贫办联合印发《关于进一步支持和促进重点群体创业就业有关税收政策的通知》（财税〔2019〕22号）。

实施普惠性减税降费措施。加大减税降费力度、切实减轻企业负担。加大研发费用加计扣除力度，扩大政策范围，2018年研发费用加计扣除政策为企业减免税额达到2794亿元。加大高新技术企业政策落实力度，2018年享受高新技术企业优惠政策的企业数量达5.27万户，减免企业所得税1900亿元。国务院办公厅印发《降低社会保险费率综合方案》（国办发〔2019〕13号），提出统筹考虑降低社会保险费率、完善社会保险制度、稳步推进社会保险费征收体制改革，确保企业特别是小微企业社会保险缴费负担有实质性下降。财政部、税务总局联合印发《关于实施小微企业普惠性税收减免政策的通知》（财税〔2019〕13号），切实减轻小微企业税收负担。国家税务总局更新发布《"大众创业万众创新"税收优惠政策指引》，新版《指引》归集了截至2019年6月我国针对创新创业主要环节和关键领域陆续推出的89项税收优惠政策措施，便利广大纳税人享受相关税收优惠政策。

二、改善投融资环境

优化金融服务体系。中共中央办公厅、国务院办公厅发布《关于加强金融服务民营企业的若干意见》（中办发〔2019〕6号），提出一系列政策举措，切实加强对民营企业的金融服务。发展改革委、人民银行、财政部、银保监会、证监会、外汇局联合发布《关于进一步明确规范金融机构资产管理产品投资创业投资基金和政府出资产业投资基金有关事项的通知》，引导更多社会资本和资源支持创新创业创造与产业转型升级。财政部、科技部、工业和信息化部、人民银行、银保监会联合印发《关于开展财政支持深化民营和小微企业金融服务综合改革试点城市工作的通知》（财金〔2019〕62号），以推进民营和小微企业金融服务高质量发展为目标,支持地方因地制宜打造各具特色的金融服务综合改革试点城市。各地方政府在落实相关政策、优化金融服务上纷纷做出有益探索。上海市金融工作局、人民银行上海分行、上海银保监局、上海证监局共同研究制订了《市金融工作局、人民银行上海分行、上海银保监局、上海证监局关于贯彻〈中共中央办公厅、国务院办公厅关于加强金融服务民营企业的若干意见〉的实施方案》,切实加强对上海民营企业的金融服务。广东省工业和信息化厅、中国银行广东省分行联合发布《助力专精特新企业融资服务实施方案》,发布总授信额度约450亿元的"专精特新"系列专属金融产品,快速满足全省3万家中小企业的融资需求。

建立政府性融资担保体系。为进一步发挥政府性融资担保基金作用,引导更多金融资源支持小微企业和"三农"发展,国务院办公厅印发《关于有效发挥政府性融资担保基金作用切实支持小微企业和"三农"发展的指导意见》(国办发〔2019〕6 号),针对当前我国融资担保行业存在的主要问题,从坚持聚焦支小支农融资担保主业、切实降低小微企业和"三农"综合融资成本、构建政府性融资担保机构和银行业金融机构共同参与、合理分险的银担合作机制三个方面明确一系列举措。地方层面,浙江省印发《关于促进融资担保行业健康发展的实施意见》(浙政办发〔2019〕4 号),明确一系列举措加快推进政策性融资担保体系建设;四川省出台了《关于促进融资担保行业规范发展的实施意见》(川办发〔2019〕51 号),明确政府性融资担保公司支小支农定位并写入实施意见;江苏省发布《关于充分发挥融资担保体系作用大力支持小微企业和"三农"发展若干措施的通知》(苏政办发〔2019〕77 号),推动融资担保行业特别是政府性融资担保机构进一步聚焦主业、支小支农,引导更多金融资源流向小微企业和"三农"等普惠领域。

三、完善人才引进培养政策

鼓励吸引创新创业人才。鼓励地方加强引才聚才力度,不断激发人才创新创业创造活力。杭州市出台"人才生态37条",就高峰人才引育、体制机制改革、全球人才招引、人才西进等方面,提出4大工程和7大计划;重庆市推出"重庆英才计划",下设优秀科学家、名家名师、创新创业领军人才、技术技能领军人才、青年拔尖人才5个专项;济南市出台《关于支持人才创新创业发展的若干政策》("双创19条"),大力实施"梧桐树青年英才"、"博士后英才"、"金蓝领工匠"、"创客之都"、"四海菁英"5大人才集聚计划,加快打造更具活力的创新创业之城。

推进国内外创新创业人才对接。科技部出台《关于新时期支持科技型中小企业加快创新发展的若干政策措施》(国科发区〔2019〕268号),支持持有外国人永久居留证的外籍高层次人才创办科技型企业,给予与中国籍公民同等待遇;优先支持科技型中小企业参与"国际杰青计划",帮助科技型中小企业与相关领域外国青年人才进行对接,支持科技型中小企业选派专业技术人才参加中长期出国(境)培训。

四、提升创业就业服务水平

强化创新创业技能培训。2019年《政府工作报告》提出,从失业保险基金结余中拿出1000亿元,用于1500万人次以上的职工技能提升和转岗转业培训。国务院办公厅印发的《职业技能提升行动方案(2019—2021年)》(国办发〔2019〕24号)确定了具体措施,明确持续开展职业技能提升行动,提高培训针对性实效性,全面提升劳动者职业技能水平和就业创业能力。人力资源社会保障部先后印发《职业技能提升行动方案(2019—2021年)重点任务分工》《关于做好职业技能提升行动专账资金使用管理工作的通知》等文件,明确相关部门的任务分工;扩大资金使用范围,对毕业年度高校毕业生和离校2年内未就业高校毕业生(含技师学院)参加职业技能培训和创业培训的,按规定给予职业培训补贴。教育部办公厅等十四部门联合印发《职业院校全面开展职业培训促进就业创业行动计划》(教职成厅〔2019〕5号),为职业院校面向城乡各类劳动者开展培训提出了新的要求。针对重点人群,人力资源社会保障部、国务院扶贫办联合发布《关于深入推进技能脱贫千校行动的实施意见》(人社部发〔2019〕2号);人力资源社会保障部印发《新生代农民工职业技能提升计划(2019—2022年)》(人社部发〔2019〕5号)。

健全就业创业帮扶机制。为进一步加强对长期失业青年的就业帮扶,人力资源社会保障部、共青团中央联合印发《关于实施青年就业启航计划的通知》(人社部函〔2019〕36号),将16—35岁有劳动能力、失业一年以上的青年纳入计划,建立健全覆盖求职创业全过程的帮扶机制,着力调动失业青年就业创业的积极性、主动性。《通知》出台之后,各地方政府积极响应。江苏省发布《省人力资源社会保障厅团省委关于实施青年就业启航计划的通知》(苏人社函〔2019〕208号),明确长期失业青年的就业帮扶机制;青海省出台《关于实施青海省青年就业启航计划的通知》,提出从失业调查、实践引导、技能培训、扶持自主创业等6个方面开展就业帮扶工作;新疆维吾尔自治区印发《关于实施自治区青年就业启航计划的通知》,决定在全区范围内实施青年就业启航计划,进一步加强对失业青年的就业帮扶。共青团中央、全国青联印发《关于深入实施"千校万岗"大中专学生就业精准帮扶行动的通知》(中青明电〔2019〕7号),面向建档立卡贫困家庭的大中专毕业生开展精准就业帮扶。2019年累计举办就业服务活动3.07万场次,举办专场招聘会2.89万场次,动员26.64万家企事业单位提供岗位444.65万个,参与学生超过550万人次,共帮助 11.63 万名建档立卡家庭毕业生实现就业。开展全国大学生实习"扬帆计划",23 万名大学生走上工作岗位开展就业创业实习。

持续支持创业带动就业。在稳就业过程中,发挥创业带动就业、稳定就业、提升质量的重要作用。国务院印发《关于进一步做好稳就业工作的意见》(国发〔2019〕28 号),提出加强对企业金融支持,扶持创业带动就业。从优化营商环境、加大创业担保贷款政策实施力度、实施"双创"支撑平台项目、鼓励支持返乡创业四个方面扶持创业带动就业。人力资源社会保障部、教育部、公安部、财政部、中国人民银行联合发布《关于做好当前形势下高校毕业生就业创业工作的通知》(人社部发〔2019〕72 号),提出加强创新创业教育,放宽创业担保贷款申请条件,支持高校毕业生返乡入乡创业创新,支持建设大学生创业孵化基地,鼓励创业带动就业。

第三节　优化创业服务

积极面向各类创新创业主体,加强典型经验的示范推广,建设公共创业服务队伍,加快推进创业孵化服务等,构建更加良好的创新创业服务体系。

一、支持多种主体创新创业

支持中小微企业创新创业。科技部印发《关于新时期支持科技型中小企业加快创新发展的若干政策措施》(国科发区〔2019〕268 号),强化对科技型中小企业的政策引导与精准支持。工业和信息化部办公厅、教育部办公厅联合印发《关于开展 2019 年中小企业与高校毕业生创业就业对接服务工作的通知》(工信厅联企业〔2019〕8 号),进一步引导和鼓励高校毕业生到中小企业工作,优化中小企业人才结构,推动中小企业高质量发展。

鼓励农民工返乡创业。农民工返乡创业不仅可以缓解大城市的就业压力,还能够为乡村振兴战略的实施注入新的动力。科技部印发《创新驱动乡村振兴发展专项规划(2018—2022 年)》(国科发区〔2019〕268 号),提出加强对返乡农民工的科技培训,培育企业家、新型经营主体管理专家,并建设星创天地,打造农村版众创空间。目前,1824 家星创天地集聚在孵企业和团队近 1.1 万家,其中科技型企业 782 家,拥有创业人员 6.5 万余人,其中研发人员 2.5 万余人。共青团中央实施"青创 10 万+"工作,筹集专项经费 1 亿元专门帮扶返乡青年创业,支持全国 775 个贫困县成立青年创业者协会。搭建创业孵化和服务平台,深化"农村青年电商培育工程",面向青年农民工开展青年就业创业培训,提供创业贷款、定点扶贫对接等服务。持续深化"银团合作"项目,累计选派金融系统 8400 余名青年干部赴县、乡两级团委挂职,覆盖 832 个国家重点贫困县,为贫困地区农村青年提供创业金融服务,建立直接面向返乡创业青年开展金融服务的有效机制。各地纷纷结合实际,积极完善和创新农民工返乡创业服务手段。吉林省不断完善支持农民工等人员返乡创业的组织领导、政策扶持、平台支撑、培训服务的体制机制,初步形成了以创业带动就业的发展新格局,推动了全省农民工从"打工经济"向"创业经济"的快速转变;河南省推出一系列政策,进一步加大贫困劳动力就业创业扶持力度,包括贫困县农民工返乡创业最高可获 50 万元奖补,设立农民工返乡创业投资二期基金等。

引导科研人员创新创业。人力资源社会保障部出台《关于进一步支持和鼓励事业单位科研人员创新创业的指导意见》(人社部发〔2019〕137 号),明确支持和鼓励科研人员兼职创新、在职创办企业;支持和鼓励科研人员离岗创办企业;支持和鼓励事业单位选派科研人员到企业工作或者参与项目合作等。生态环境部印发《关于深化生态环境科技体制改革激发科技创新活力的实施意见》(环科财〔2019〕109号),明确对重要技术成果可采取投资和技术入股方式进行转化,赋予科研人员职务科技成果长期使用权,给予科研人员和团队不低于60%的股权激励保障。另外,科技部、财政部、教育部、中科院联合推进"减轻科研人员负担七项行动",主要聚焦科研管理中突出问题进行集中整治清理并固化形成制度成果。中共教育部党组发布《关于抓好赋予科研管理更大自主权有关文件贯彻落实工作的通知》(教党函〔2019〕37号),指出高校要完善科研管理制度,落实科研管理自主权,增强科研人员获得感,最大限度降低对科研活动的干扰。2019年,习近平总书记对科技特派员制度推行20周年作出重要指示,科技部坚持把科技特派员制度作为科技创新人才服务脱贫攻坚的重要工作进一步抓实抓好。截至目前,全国科技特派员已领办创办1.15万家企业或合作社,年均转化示范2.62万项先进适用技术,直接服务6500万农民。

帮扶大学生群体创新创业。2019年,进一步加大大学生群体创业享受的税收优惠外,多项政策鼓励加强创新创业教育、放宽创业担保贷款申请条件、支持建设大学生创业孵化基地。各地积极响应,加大对大学生创新创业的服务力度。宁夏回族自治区人民政府办公厅出台《关于吸引支持大学生在宁创新创业就业办法》(宁政办规发〔2019〕2号),从见习补助、助学贷款代偿、租房购房补贴和创业补贴等多个方面"提标扩面",助力大学生创业就业;福建连续出台多项优惠政策,使大学生创业不仅可以获得工商注册、税收方面的优惠,还可获得资金支持,解决创业场所;天津大力发展大学生创业孵化基地,国家级的最高奖励百万元,市级的最高给予50万元奖励。

二、加强典型经验示范推广

加快推广全面创新改革经验举措。部分地区在推动创新创业方面先行先试,积累了一些经验可供复制推广。国务院办公厅印发《关于推广第二批支持创新相关改革举措的通知》(国办发〔2018〕126号),提出在知识产权保护、科技成果转化激励、科技金融创新、管理体制创新等方面推广一批改革突破和可复制推广的经验。国务院办公厅印发《关于做好优化营商环境改革举措复制推广借鉴工作的通知》(国办函〔2019〕89号),提出一系列供全国复制推广借鉴的改革举措。

大力宣介创新创业典型案例。为推动高校和企业创新创业,相关部门开展创新创业总结宣传工作,对于具有示范意义的高校和企业进行名单的公布。教育部办公厅发布《关于公布2019年度全国创新创业典型经验高校名单的通知》(教学厅函〔2019〕38号),推选出50所全国创新创业典型经验高校。工业和信息化部印发《关于公布2019年度国家小型微型企业创业创新示范基地名单的通告》(工信部企业函〔2019〕303号),确定了2019年度国家小型微型企业创业创新示范基地名单。

三、完善创业支撑平台

加快创业服务机构建设。全国各级公共创业就业服务机构、平台加快建设。区(县)级以上普遍建立公共服务机构,街道(乡镇)、社区(行政村)基层工作平台覆盖率达99%。公共机构和基层平台共开展354.4人次创业服务。开展全国创业孵化示范基地复评和认定工作,新认定全国示范基地55家,截至目前,人社部门认定、管理和支持的各类创业载体达7800家,其中全国示范基地123家。

促进创业孵化载体发展。科技部、教育部联合印发《关于促进国家大学科技园创新发展的指导意见》(国科发区〔2019〕116号),提出"围绕众创空间+孵化器+加速器+产业园创业孵化链条,依托高校优势学科构建科技型创新创业生态"。工业和信息化部办公厅、财政部办公厅联合发布《关于支持打造大中小企业融通型和专业资本集聚型创新创业特色载体工作指南的通知》(工信厅联企业函〔2019〕92号),指出"各地应围绕支持中小企业创新发展,积极引导打造各具特色的创新创业特色载体,促进提升资源配置质量与效率,培育更多'专精特新'和'小巨人'企业",并提出重点任务、保障措施和工作要求。国务院印发《关于推进国家级经济技术开发区创新提升打造改革开放新高地的意见》(国发〔2019〕11号),明确对国家级经开区与职业院校(含技工院校)共建人才培养基地、创业孵化基地等按规定给予支持。

第四节　强化科技创新支撑

推进健全国家创新体系,不断改革完善知识产权保护体系,强化科技创新基础和保障。推动科技创新与产业深度融合,让科技成果转化为现实生产力,助力产业基础能力高级化、产业链现代化,促进经济高质量发展。

一、积极推动科技创新与产业融合

有序开展新一代人工智能创新发展试验区建设。科技部印发《国家新一代人工智能创新发展试验区建设工作指引》(国科发规〔2019〕298号),提出到2023年布局建设20个左右试验区,创新一批切实有效的政策工具,形成一批人工智能与经济社会发展深度融合的典型模式,积累一批可复制可推广的经验做法,打造一批具有重大引领带动作用的人工智能创新高地。重点围绕京津冀协同发展、长江经济带发展、粤港澳大湾区建设、长三角区域一体化发展等重大区域发展战略进行布局,兼顾东中西部及东北地区协同发展,推动人工智能成为区域发展的重要引领力量。以城市为主要建设载体。重点依托人工智能创新资源丰富、发展基础较好的城市,探索人工智能赋能城市经济、优化城市治理、引领高质量发展的新模式。选择人工智能应用基础较好的若干县域,探索人工智能引领县域经济发展、支撑乡村振兴战略的新模式。目前已支持北京、上海及浙江建设 11 个试验区,依托地方开展人工智能技术示范、政府试点和社会实验。

促进科技创新与文化融合发展。科技部等六部门印发《关于促进文化和科技深度融合的指导意见》(国科发高〔2019〕280 号),提出到 2025 年,基本形成覆盖重点领域和关键环节的文化和科技融合创新体系,实现文化和科技深度融合,建成 100 家左右特色鲜明、示范性强、管理规范、配套完善的国家文化和科技融合示范基地,200家左右拥有知名品牌、引领行业发展、竞争力强的文化和科技融合领军企业,使文化和科技融合成为文化高质量发展的重要引擎。加强文化共性关键技术研发,完善文化科技创新体系建设,加快文化科技成果产业化推广,加强文化大数据体系建设,推动媒体融合向纵深发展,促进内容生产和传播手段现代化,提升文化装备技术水平,强化文化技术标准研制与推广。加强政策引导,深化开放合作,加强智库建设和人才培养。

推动科技创新与中医药产业协同发展。中共中央、国务院印发《关于促进中医药传承创新发展的意见》指出,要加快推进中医药科研和创新,围绕国家战略需求及中医药重大科学问题,建立多学科融合的科研平台,在中医药重点领域建设国家重点实验室,建立一批国家临床医学研究中心、国家工程研究中心和技术创新中心,研究设立国家中医药科技研发专项、关键技术装备重大专项和国际大科学计划,加快中药新药创制研究,研发一批先进的中医器械和中药制药设备,研究实施科技创新工程,支持企业、医疗机构、高等学校、科研机构等协同创新,以产业链、服务链布局创新链,完善中医药产学研一体化创新模式。

二、健全科技创新支撑体系

促进新型研发机构发展。科技部印发《关于促进新型研发机构发展的指导意见》(国科发政〔2019〕313 号),提出鼓励设立科技类民办非企业单位(社会服务机构)性质的新型研发机构;鼓励地方通过中央引导地方科技发展资金,支持新型研发机构建设运行;地方政府可采用创新券等支持方式,推动企业向新型研发机构购买研发创新服务等。新型研发机构应建立分类评价体系,符合条件的可按照要求申报国家科技重大专项、国家重点研发计划、国家自然科学基金等各类政府科技项目、科技创新基地和人才计划,按照规定组织或参与职称评审工作,也可按照《中华人民共和国促进科技成果转化法》等相关法规的要求,通过作价入股、股权奖励、股票期权、项目收益分红、岗位补助等方式,激励科技人员开展科技成果转化,结合产业发展实际需求,构建产业技术创新战略联盟,探索长效稳定的产学研结合机制,组织开展产业技术研发创新、制订行业技术标准,积极参与国际科技和人才交流合作。

规范科技孵化器建设。科技部火炬中心印发《科技企业孵化器评价指标体系》(国科火字〔2019〕239 号),提出按照孵化器功能差异开展分类评价,将孵化器分为综合孵化器和专业孵化器,并设置不同指标和权重。指标体系由服务能力、孵化绩效、可持续发展三个一级指标和两个加分项指标构成,一级指标权重分别为 30%、55%、15%。综合孵化器和专业孵化器分别设置加分项,满分各为 5 分。其中,服务能力主要从投融资服务、公共技术服务、创业导师服务、资源整合能力、孵化器链条建设等方面设置 7 项指标,综合考察孵化器服务水平,引导孵化器建立专业化服务体系。孵化绩效主要从在孵企业收入和融资情况、科技含量、在孵企业成长性、创业带动就业等方面设置9项指标,综合考察孵化企业情况,引导孵化器提高孵化质量。可持续发展主要从孵化器收入增长、收入结构、服务团队建设等方面设置3项指标,综合考察孵化器运营管理能力,引导孵化器可持续发展。加分项指标围绕孵化器在区域中开展的特色工作、承担的社会职能、对产业的带动作用设计加分项指标,实现对孵化器工作的全面考察。评价工作每年开展一次,评价对象为国家级科技企业孵化器,评价结果分为优秀(A)、良好(B)、合格(C)和不合格(D)四个等级,用于支撑国家级科技企业孵化器政策制定和调整,引导地方优化调整相关支持政策。连续两次评价等级为 D 的,取消国家级科技企业孵化器资格。

促进大学科技园赋能。科技部、教育部印发《关于促进国家大学科技园创新发展的指导意见》(国科发区〔2019〕116 号)要求,大学科技园要以培育经济发展新动能为目标,以优化创新创业生态为主线,以功能拓展和服务能力提升为着力点,强化"创新资源集成、科技成果转化、科技创业孵化、创新人才培养、开放协同发展"五大功能,集成高端科技创新资源,整合高水平创新网络与平台,促进高校创新资源开放共享,构建线上资源整合平台;促进科技成果转移转化,完善技术转移服务体系和市场化机制,促进科技成果中试熟化,加强科技成果供需信息共享;促进科技创业繁荣发展,建立完善的创业投资服务体系,打造全链条孵化载体,建设专业化众创空间,培育高水平创新创业群体,建设创业教育与实践平台,营造创新创业氛围;构建开放融合发展格局,促进大学科技园之间的互动交流,深化与专业服务机构的合作,加强与产业集群的互动,服务区域科技与经济发展,链接全球创新创业资源。

三、打通科技成果转化全链条

完善促进科技成果转化机制。为扩大高校科研院所的自主权，加快成果转化的速度和效率，财政部修改《事业单位国有资产管理暂行办法》（财政部令第 100 号），对科技成果转化有关国有资产管理作出了一系列新规定，明确国家设立的研究开发机构、高等院校对其持有的科技成果，可以自主决定转让、许可或者作价投资，并简化科技成果转化中的资产评估程序。财政部还印发《关于进一步加大授权力度促进科技成果转化的通知》（财资〔2019〕57 号），在原已下放科技成果使用权、处置权、收益权的基础上，进一步加大科技成果转化形成的国有股权管理授权力度，畅通科技成果转化有关国有资产全链条管理，支持和服务科技创新。为加强授权后对科技成果转化有关国有资产管理的监督，做到放管结合，还明确了财政部、主管部门、中央级研究开发机构和高等院校的监管职责，并要求地方财政部门落实授权精神，结合本地区经济发展、产业转型、科技创新等实际需要，制定具体规定，进一步完善科技成果国有资产管理制度。同时，鼓励地方开拓创新，探索符合科技成果国有资产特点的管理模式。

完善科技成果转化政策。山西省修订《山西省促进科技成果转化条例》突出解决科技成果转化的难点、痛点、堵点等问题，主要针对山西科技成果转化经费投入、科研人员激励机制、科技成果转化服务体系和产学研结合等方面进行修订，同时，归纳了八项具有山西特点的事项纳入优先支持范畴，为推动能源革命综合改革试点和工业高质量发展提供有力的科技支撑。北京市出台《促进科技成果转化条例》（北京市人民代表大会常务委员会公告〔十五届〕第 19 号），针对北京市成果转化突出问题，以科研人员积极性调动为核心，赋予创新者更多自主权、细化了科技成果转化的奖励和报酬收入分配制度。

为了调动高校院所负责人开展科技成果转化的积极性,还对尽职免责条件、范围、规则和程序作出了详细规定。同时,针对北京市医疗卫生机构众多,技术研发能力强的特点,明确规定有关研发机构和高等院校的科技成果转化规定也适用医疗卫生机构,使医务人员可以充分享受科技成果转化的相关政策。

四、持续优化科技创新环境

强化知识产权保护力度。中共中央办公厅、国务院办公厅印发《关于强化知识产权保护的意见》(中办发〔2019〕56号)提出,要强化制度约束,确立知识产权严保护政策导向,加大侵权假冒行为惩戒力度,严格规范证据标准,强化案件执行措施,完善新业态新领域保护制度;加强社会监督共治,构建知识产权大保护工作格局,加大执法监督力度,建立健全社会共治模式,加强专业技术支撑;优化协作衔接机制,突破知识产权快保护关键环节,优化授权确权维权衔接程序,加强跨部门跨区域办案协作,推动简易案件和纠纷快速处理,加强知识产权快保护机构建设;健全涉外沟通机制,塑造知识产权同保护优越环境,更大力度加强国际合作,健全与国内外权利人沟通渠道,加强海外维权援助服务,健全协调和信息获取机制;加强基础条件建设,有力支撑知识产权保护工作,加强基础平台建设,加强专业人才队伍建设,加大资源投入和支持力度。

进一步弘扬科学家精神。中共中央办公厅、国务院办公厅印发《关于进一步弘扬科学家精神加强作风和学风建设的意见》,提出力争1年内转变作风改进学风的各项治理措施得到全面实施,3年内取得作风学风实质性改观,科技创新生态不断优化,学术道德建设得到显著加强,新时代科学家精神得到大力弘扬,在全社会形成尊重知识、崇尚创新、尊重人才、热爱科学、献身科学的浓厚氛围,为建设世界科技强国汇聚磅礴力量。要求科技工作者自觉践行、大力弘扬新时代科学家精神,大力弘扬胸怀祖国、服务人民的爱国精神,勇攀高峰、敢为人先的创新精神,追求真理、严谨治学的求实精神,淡泊名利、潜心研究的奉献精神,集智攻关、团结协作的协同精神,甘为人梯、奖掖后学的育人精神。加强作风和学风建设,营造风清气正的科研环境,崇尚学术民主、坚守诚信底线、反对浮夸浮躁、投机取巧、反对科研领域"圈子"文化;加快转变政府职能,构建良好科研生态,深化科技管理体制机制改革,正确发挥评价引导作用,大力减轻科研人员负担;加强宣传,营造尊重人才、尊崇创新的舆论氛围。

第五节　营造创业文化

大力弘扬创新文化,厚植创业沃土,营造敢为人先、宽容失败的良好氛围,进一步推动创新创业成为生活方式和人生追求。

一、大力培植企业创新创业氛围

筑牢中小企业创新创业基础。2019 年 4 月,中共中央办公厅、国务院办公厅印发《关于促进中小企业健康发展的指导意见》,着力解决中小企业生产成本上升、融资难融资贵、创新发展能力不足等问题,提振中小企业创新创业信心。中共中央、国务院出台《关于营造更好发展环境支持民营企业改革发展的意见》,进一步营造良好的市场、政策和法制环境,强化民营企业创业就业的中坚力量,全方位促进民营企业创新创业和健康发展。

增强中小企业创新创业能力。各地积极参与创建国家电子商务示范基地,通过改革创新、承载功能、服务水平、保障能力和示范效应不断增强,在培育中小电商企业和专业电商人才、促进模式业态创新、改造提升传统产业、带动创业就业、促进精准扶贫、消费升级等方面发挥了重要作用。

二、不断厚植创新创业文化土壤

成功举办双创周活动。2019 年"双创"活动周紧扣高质量发展要求,充分体现"汇聚双创活力,澎湃发展动力"的主题,进一步彰显创新发展的时代主旋律。成功举办了启动仪式、主题展示、特色小镇体验行等 270 多项活动,李克强总理出席杭州市梦想小镇主会场启动仪式并发表热情洋溢的讲话。北京会场进一步创新方式,连续 7 天举办主题展示、政策服务站、前沿科技创新大赛等系列重点活动,总数超过 100 场次。各分会场活动紧扣专业和地方特色,教育部、科技部、人力资源社会保障部、国资委等部门和全国各地分会场举办了内容丰富、形式多样的创新创业活动。据组委会初步统计,活动周期间,全国各地共举办活动超过 5000 场,线上线下参与活动的观众超过 1 亿人次,媒体报道超过 4 万篇。

创建各类双创活动品牌。多元化双创活动厚植创业文化土壤。2019 年累计举办"创响中国"系列近 200 场活动,参与人数累计超过50 万人,以重点活动保障预热效果。各类创新创业大赛遍布全国,掀起了创新创业创造热潮,有力滋养了创新创业文化,厚植了创新创业理念。推进各类专题论坛,为双创把脉赋能,如完善创业投资生态体系、培育创新创业创造沃土的 2019 年中国创业投资行业峰会,聚焦前沿科技与未来产业的中关村论坛,共话创业梦、共享新世界的2019 创业者峰会,"企业创新大家谈"的"风向标"—中国创新创业先锋论坛等。活动周期间,"创世技"颠覆性创新榜发布,成立青年创新创业联盟并发布《余杭宣言》,举办新时代"创业者说"等论坛活动,无一不让人"耳目一新,眼前一亮,为之一振,受到冲击"。共青团中央、人力资源社会保障部联合开展第十届"中国青年创业奖"评选表彰活动,2019 年表彰 20 名"中国青年创业奖"、6 名"促进就业特别奖"、6 名"脱贫攻坚特别奖"。举办 2019 中国青年创新创业交流会暨第六届"创青春"中国青年创新创业大赛。举办第五届中国"互联网+"大学生创新创业大赛,共有来自全球五大洲 124 个国家和地区、4093 所院校的 457 万名大学生、109 万个团队参赛。广泛实施"青年红色筑梦之旅"活动,组织 100 万名大学生、22 万名教师、23.8 万个创新创业项目深入革命老区、贫困地区和城乡社区,对接农户 74.8 万户、企业 24204 家,签订合作协议 16800 余项,产生经济效益约 64 亿元。组织 1050 所高校、16.1 万名学生的 38447 个项目参与"国家级大学生创新创业训练计划"。举办第十四届"春晖杯"中国留学人员创新创业大赛,有 301 个项目入围。联合举办"中国研究生创新实践系列大赛",来自 538 家研究生培养单位的 10 万余名在校研究生参加。

三、推进中国特色创业文化融入国际舞台

持续扩大海外活动周影响力。2019 年双创周活动期间,在 4 大洲 24 个国家同步举办海外活动周,重点在"一带一路"沿线国家开展了系列活动,多方位举办论坛、路演、展览、洽谈、大赛活动,彰显国际化创新创业合作不断深入,海外影响不断扩大。

开放创新合作成果量增质升。2019 年 6 月在广州举办的中国创新创业成果交易会汇聚全球科创项目,中外携手共建协同创新平台,第一次设立的国际组团展区共展示了 250 个项目,来自"一带一路"国家的科技项目合计 168 个。

创业大赛国际化发展步伐加快。2019 年,中国"互联网+"大学生创新创业大赛中第三次专门设置国际赛道。2019"创客中国"国际中小企业创新创业大赛推动中外科技创新合作近 2 亿元,催生了新产业、新业态,通过各类活动赛事,将国外优秀的创业文化引进来,同时让极具中国特色的创业文化走出去,不断得到国际认同。

第二章 创新创业服务

2019年,各类创新创业服务平台进一步完善服务功能、创新服务模式,各类创业教育和培训不断深化发展,为创新创业提供良好服务支撑。

第一节 科技创新服务支撑平台

众创空间、专业化众创空间、科技企业孵化器、大学科技园等创新服务支撑平台进一步发展,覆盖范围继续扩大,服务能力不断提升,为促进经济高质量发展提供了基础性支撑。

一、众创空间

全国众创空间的发展呈现出"数量稳步攀升、质量稳步提升"的态势,在培育科技型企业、促进高质量创业就业、支撑经济转型升级等方面发挥重要作用。

成为双创"新基础设施"。2019年,全国众创空间共有8000家余家,同比增长15%。提供创业工位148.65万个,同比增长21.4%。从运营主体性质来看,民营社会资本正成为众创空间投入主体。2019年底全国民营性质的众创空间有6395家,较2018年增加1790家,所占比重达到79.4%,较2018年提高13.2个百分点;国有性质的众创空间823家,占比10.3%。由高校科研院所成立的众创空间967家,由投资机构直接建立的众创空间580家,"成果+孵化""投资+孵化"正在成为众创空间发展的新模式。从众创空间绝对数量来看,广东省众创空间总数位列全国第一,共有952家,占全国总数的11.9%。从众创空间增长速度来看,黑龙江省增长最快,2019年新增众创空间26家,增幅92.9%。从区域分布来看,京津冀、粤港澳、长三角占全国众创空间总数的48.6%,这些区域创新创业资源仍然是最丰富的,黑龙江、河北、山西等地区积极出台鼓励创新创业的政策,众创空间呈现较快增长。

获得更多财税政策支持。全国各地加大了对众创空间的财税等政策支持力度。2019年,全国众创空间共获得各级政府财政后补助29.93亿元。财政部、税务总局、科技部、教育部联合印发《关于科技企业孵化器、大学科技园和众创空间税收政策的通知》(财税〔2018〕120号),符合条件的众创空间可以享受房产税、城镇土地使用税、增值税优惠。

集聚更多高端创新要素。2019年,全国众创空间常驻企业和团队拥有有效知识产权数量达到34.3万件,同比增长41.8%;拥有发明专利数量3.95万件,同比增长58.8%,科技型创业企业逐步成为众创空间入驻企业的主要组成部分。

持续增强促创业、稳就业能力。众创空间吸纳创业就业人数继续保持稳健增长。2019年全国众创空间服务的创业团队和企业44.1万个;吸纳就业人员191万人,同比上升26.2%;平均每个众创空间常驻团队和企业55.11个,比上年度入驻率上升81.5%。同时,高层次创业群体呈现增长趋势,2019年众创空间内大学生创业、留学归国人员创业、科技人员创业、大企业高管离职创业、外籍人士创业等团队和企业数量共计24万个,同比增长28.3%,其中大学生创业团队和企业的数量12.7万个,同比增长20%。

不断丰富创业服务活动。2019 年,全国众创空间举办创新创业活动累计达到 14.9 万次,同比增长 20.2%;开展创业教育培训 11 万场,较 2018 年略有上升。2019 年,全国众创空间共有 16 万名创业导师,同比增长 13.5%;开展的国际交流活动 9921 场,同比增长 7.8%。

逐步提升新技术、新业态、新模式领域融资服务能力。当前,全国众创空间在"三新"领域产生一批优秀创业项目,获得金融资本青睐。2019 年,1.87 万个服务团队和企业获得投资总额 873.4 亿元人民币,其中,获得民间社会资本投资 779.7 亿元,占投资总额的 89.3%,获得众创空间自身投资约 70.4 亿元,占投资总额的 8.1%,全国众创空间孵化上市(挂牌)企业达 663 家,相关企业涉及人工智能、生物医药、集成电路、新材料等新兴产业领域,成为发展新动能的活力源头。

二、专业化众创空间

新一批国家专业化众创空间加快备案示范,更加聚焦支持新兴产业和"硬科技",更加突出法人实体作用,更加注重产学研融通创新,更加强化龙头骨干企业对产业链和创新链的协同整合能力,有效促进了人才、技术、资本等各类创新要素的高效配置和有效集成,进一步推动供给侧结构性改革,服务实体经济转型升级,培育发展新动能。

不断开拓特色化发展路径。行业龙头企业类专业化众创空间按照市场机制加强与其他创业主体的协同,优化技术、设备、资本、市场等创新资源配置,引入外部创新要素促进自身业务发展,同时推动大中小企业融通、产学研协同,增强产业链韧性、提升产业链水平,形成产学研融通创新的模式和机制。新型研发机构建设的专业化众创空间为企业提供核心技术和创新服务,凸显市场对资源配置的决定性作用。科研院所和高校类专业化众创空间聚集高端创新资源,增加技术创新源头供给,加强科技成果转移转化,为创新创业提供智力支持和专业服务。

有效激发科技人才的创新创业活力。龙头骨干企业通过建立对创业团队的收益提成、股权分配等激励机制,离岗创业保留待遇等保障机制,不断激发内部员工的创业潜力和热情。渤化集团化工新材料专业化众创空间通过给予相应股权及分红激励的方式支持员工兼职创业、离岗创业。科研院所和高校依托专业化众创空间将科技成果转化各项政策落到实处,以"激发人的内驱力"为导向探索新模式新做法。中科院天津工生所生物技术专业化众创空间打破原有以技术研发为导向的岗位限定,设立以技术企业化运营为导向的"产业研究员"岗位,集聚了一批国内外科研机构研究员开展技术创业。

不断孵育前沿科技创业企业。专业化众创空间不断孵化前沿领域新技术和新产品,助推高水平创业企业成长。中电科第五十八所集成电路专业化众创空间孵化出打印机通用耗材芯片等具有国际竞争力的产品,实现了集成电路核心产品的国产替代。大连化物所精细化工专业化众创空间围绕催化剂、专用精细化学品及功能高分子新材料领域,入孵 14 个具有国际领先水平的精细化工中试项目,培育 25 家科技含量高、附加值高的精细化工企业。

聚合共享科研要素。龙头骨干企业将企业创新资源和产业资源整合到专业化众创空间里,面向内外部创客开放,同时吸引全球的高水平创新团队和人才入驻,利用群体智慧发现新的商业机会,提升企业研发效率和创新能力。共享集团智能铸造专业化众创空间与宁夏共享模具有限公司共同研发 3D 打印设备,铸件生产周期缩短了 50%,生产效率提高约 3—5 倍,成品率提高 20%—30%。宝武集团金属新材料专业化众创空间吸引一大批海内外高层次创新创业团队入驻,提升了集团在绿色制造领域的创新竞争力。

提升更精准的价值发现能力。专业化众创空间具备准确判断创业项目技术价值和市场价值的能力,为创投基金提供了优质的种子项目,也带动社会资本提升投资的精准度。众合科技智能轨道交通专业化众创空间设立总规模为7亿元的创业投资基金,为物联网、大数据等领域企业提供投融资服务及技术创新金融支持服务,帮助7家创业企业解决了融资难问题。深圳先进院生物医学专业化众创空间设立6支投资基金,已撬动30亿社会资本、成功投资30多个企业项目,保证了科技成果转移转化的有序推进。

成为创新创业国际化交流窗口。专业化众创空间日益成为各类建设主体开展国际交流合作的重要窗口,通过全球联合研发、跨境孵化加速、创业大赛活动等方式把创新人才、专利技术、创业资本、经验知识等要素资源引进来,并转化为新兴产业发展动力。瑞普生物兽用生物制品专业化众创空间与美国宾夕法尼亚州立大学共建联合实验室,研发出6种禽病的快速检测方法,制备了用于抗体检测的单克隆抗体。武汉智能装备院智能装备专业化众创空间与西门子众创空间、欧德神思软件系统有限公司等国际创业孵化机构、技术服务机构展开深入合作,引进高水准的创新创业服务。

提供技术供给。专业化众创空间持续输出新技术、新企业、新模式,对于区域产业创新能力提升和产业集群构建发挥了作用,大数据、人工智能等新一代信息技术在创业项目中的探索应用,也为传统产业的转型升级提供解决方案的样板。南京膜材料产研院膜材料专业化众创空间成立三年以来,孵育创业项目由最初的10个增加到40个,为本地膜材料产业链的延伸和拓展作出贡献。

三、科技企业孵化器

科技企业孵化器总体呈现出"数量持续稳步扩大、结构不断优化完善、注重企业融通发展、创新要素加快聚合"的发展态势,为推动高质量发展、建设现代化经济体系提供重要支撑。

孵化规模扩大科技含量提升。截至 2019 年底,全国科技企业孵化器总数达 5206 家,在孵科技型中小企业 21.7 万家,同比增长 5%。创业带动就业作用进一步发挥,在孵企业吸纳人员达 294.9 万人,其中吸纳应届毕业大学生 26.5 万人。在孵企业总收入达 8218.9 亿元,R&D 经费支出近 704.9 亿元。在孵企业科技含量进一步提升,拥有有效知识产权 56.3 万件,同比增长 28%,其中当年知识产权授权数 15.4 万件,同比增长 10.8%。

创业带动就业能力持续增强。2019 年,全国孵化器自身吸纳就业 7.3 万人,在孵企业从业人员近 295 万人。广东省孵化器内创业团队和企业带动就业总人数超过 56 万人,其中吸纳应届大学生就业人数达 6.6 万人,大学生创业率达 3%。湖北省孵化器内在孵企业从业人员 13 万余人,其中吸纳应届大学毕业生 2 万余人,比 2018 年增加 17%。西藏全区入驻孵化载体的企业达 2143 家,同比增长 60%;吸纳就业 1.54 万人,同比增长 73%;吸纳高校毕业生 4894 人,同比增长 132%。

大中小企业融通发展聚集效应增强。大中小企业融通发展是推动大众创业万众创新上水平的重要举措。2019 年,越来越多的大企业、行业龙头企业投身孵化器建设,以此为突破口,推动自身转型升级、跨越发展。吉林修正药业整合集团优势资源打造大健康双创平台,聚集产业链上下游 600 多家企业,在细分领域对其形成有力延伸和补充,促进中小企业与大企业融通发展。上海宝武钢铁集团专门成立吴淞口创业园,依托宝武集团构建"平台层-孵化层-应用层"三位一体的孵化体系,累计孵化企业 83 家,助力宝武高质量钢铁生态圈建设。同时,中小企业通过孵化器深度链接大企业资源。资源聚集、链接和整合能力是孵化器差异化、特色化发展的重要竞争力,也是孵化器提供优质服务的"硬实力"。陕西杨凌示范区创业服务中心根据在孵企业所在领域分专题组织大企业专项对接,帮助中草药种植创业企业对接陕西步长制药、东科麦迪森等大型制药企业,帮扶智能制造企业对接陕西法士特、陕汽等,解决其市场开拓和应用问题。北京 Plug&Play 孵化器 2019 年累计帮助 149 家初创企业与默克、联合利华、中化资本等企业达成合作意向或签订合作协议,助推小企业实现"借力"发展。

专栏 2-1　建立双创平台促进融通发展

　　1. 修正药业打造大健康双创平台。清和源大健康双创平台由中国医药业知名企业修正集团投资创建,是集教育、预防、保健、养生、诊疗、养老等一体的覆盖"全生命周期"、"全产业链"的大健康产业双创平台。在传统的创新与创业、线上与线下、孵化与投资的基础上,依托修正全国的营销资源,发挥其市场与渠道的整合能力,为创客及创业者提供了包含投资、学院、供应链和渠道加速、空间、工厂、创新技术等一站式的孵化服务。

　　2. 达安创谷助力新冠防疫。为推进健康领域创业项目、企业更快更好地发展,中山大学达安基因股份有限公司创建达安创谷,打造"没有围墙"的大健康产业孵化器,形成了"一家达安基因,催生百家药企"的达安特色产业生态圈。

　　3. Plug & Play 孵化器促进企业融通发展。Plug & Play 孵化器致力于连接大企业与优质的创新项目,加速过超过 2000 家企业,每年加速初创企业 1000 家以上,投资了超过 750 家创业企业。

　　科技成果转化重要载体。孵化器专业化发展为产学研融合提供支撑。专业孵化器长期深耕于某一专业领域,具备概念验证的专业化能力和丰富经验,能有效推动从基础研究成果向市场化成果转化。2019 年,全国孵化器对公共技术服务平台的投资额达到 77.6 亿元,为其提供专业化服务形成了有力支撑。河南洛阳中科科技园以"人才+项目"的灵活孵化机制,发挥其在动物医学领域的资源优势,孵化中科院苏州纳米所、厦门大学、中山大学等多项生物医学项目,年产值达 3.2 亿元。浙江杭州天和高科孵化器孵化的美国斯坦福大学"端粒酶逆转录酶亚基 mRNA 检测试剂盒",已获国家药品监督管理局医疗器械注册证,是国际上首个高特异高灵敏的肺癌无创诊断产品。山东潍坊高新区生物医药科技产业园建设了一个研发平台和四个中试平台,转化生物医药类科技成果 135 项,2019 年实现产值 1.42 亿元。

四、大学科技园

国家大学科技园总体规模已经达到 115 家,成为推动科技成果转移转化、培育创业主体、促进高校资源开放共享、服务地方经济发展的重要平台载体。

成为科技体制改革创新的试验田。大学科技园一头连接高校技术成果,一头连接企业市场主体,在推动高校技术转移、促进科技成果产业化、开展产学研合作等方面发挥了重要作用,成为高校科技成果转移转化的重要通道、我国科技体制改革的重要平台。目前已纳入统计的 114 家国家大学科技园在孵企业申请专利 1.5 万项,转化科技成果 8625 项,其中转化高校科研成果 4440 项。

引领高水平创新创业浪潮。大学科技园在支持科研人员创业、吸引校友创业等高端创业方面发挥了重要作用,通过加强与高校产学研合作,提供系统化、多元化、专业化的创新创业服务,在电子信息、智能制造、互联网等领域孵化出了一批知名高科技企业。目前已纳入统计的 114 家国家大学科技园在孵企业达到 10127 家,在孵企业收入达 325 亿元,累计毕业企业 10733 家。

依托校企资源培育创新创业人才。大学科技园依托庞大的校友网络,吸引校友人才团队、与校友企业共建发展平台,已经成为集聚创新创业人才的洼地。同时大量企业的集聚使大学科技园具备为大学生提供实习实训的良好条件,通过搭建大学生创业实践基地等举措,为高校创新人才培养提供了有力支撑。

培育高新技术产业创新发展新动能。大学科技园拥有高校的科教资源优势,是科技人才、创新团队和研究成果的集聚地,具有极强的知识扩散性、技术辐射性、人才溢出性,为地方发展输送高端人才、先进技术和科技型企业,已成为区域经济发展的重要源头。115 家国家大学科技园中有 54 家位于高新区范围内,已经成为带动高新技术产业发展重要力量。

第二节　企业创新创业平台

大企业和中小企业创新创业平台数量保持增长、带动作用持续增强,助推企业和产业创新创业不断升级。

一、大企业创新创业平台示范带动作用明显

以央企"双创"平台为代表的大企业创新平台在构建双创生态、科技产业融合和产业高质量发展方面显示出较强示范作用。2019年,中央企业进一步完善创客空间、孵化器等平台建设,累计建成科技产业园 100 多个,孵化器约 170 个,互联网双创平台 140 余个。

科技产业园创建良好双创生态。央企科技产业园区以全链条打造创新创业服务载体,并根据各自特色形成良性循环,不断在运行中提高创新创业服务效率和水平,创建出良好的双创生态,为持续引进和培育高质量的双创项目和企业提供了有效路径。截至 2019 年底,中央企业建设科技产业园 107 个,面积超过约 300 平方公里,入驻企业约 5900 家,其中上市 179 家,带动就业 22 万余人。招商局集团带动形成以蛇口网谷和南海意库为中心的蛇口滨海深港创新创业产业带,形成富有活力、主体多元、服务精细、大中小微企业融通发展的创新生态圈,入驻企业 883 家,上市公司 41 家,带动就业 39000 人。中国信科集团烽火创新谷打造智慧城市双创生态,已入驻科技型企业 80 家,入驻企业和团队总数达 351 个。

专业孵化器推动跨区域产业科技协同发展。央企专业孵化器整合相关产业的上下游企业,打造跨区域、跨行业新的共享生产资源基础,形成了传统市场与技术创新融合发展、央企资源与创新企业协同

发展,推动解决相关产业集聚区所在不同区域之间的发展不平衡问题,推动科技创新领域产业反哺生态的形成。截至 2019 年底,中央企业建设专业孵化器 168 个,面积共 240 余万平方米,入驻企业和团队超过 6000 个,孵化新三板挂牌企业 60 家。中国电子孵化平台连接跨域空间节点,突破物理限制,将优质产业资源和科技资源有效连接整合,入驻企业及创业团队 3000 个,创客人数 800 人,新三版挂牌企业 14 家。其上海浦东软件园荣获"亚洲最佳孵化器"大奖和"全国青年创业示范园区"称号。中国电信形成了包括天翼创投一个孵化平台,上海、南方、北京三大孵化基地,及杭州、苏州等多家实体孵化器的总体布局,入驻企业及创业团队 320 个。

互联网平台促进产业高质量发展。央企互联网双创平台以"互联网+"打造开放式资源共享池,通过整合上下游企业资源,调动全产业链大中小企业创新能动性,促进行业内企业、高校、科研院所等交流合作、互利共赢,推动产业高质量发展。截至 2019 年底,中央企业建设互联网平台 147 个,累计注册用户 3 亿余人次,签订服务合同超过 500 万份。航天科工基于航天云网工业互联网平台而打造的线上双创平台已初步完成建设并投入使用,平台提供双创导师 292 名,累计储备项目和团队近 6 万个。国家电网打造"实验室共享平台"、"智慧车联网平台"、"新能源云平台"等双创互联网平台,并在 2019 年双创主题日发布了"新技术推广目录",在促进关键核心技术协同攻关、推动产业高质量发展等方面取得积极成效。机械总院集团高端装备制造业云创新服务平台通过制造要素汇聚、能力开放、模式创新、区域合作,上线行业解决方案、先进制造数据等资源达 10 万条,产业支撑作用不断显现。

行业领军企业双创平台提供专业化服务。例如海尔集团为小微企业搭建从创客培养、创业落地、创业支持、产品市场化到小微企业发展上市的全流程孵化加速体系,并在 2019 年双创主题日发布了

《大企业共享创业平台标准》,进一步加大向中小企业开放企业内部创新资源,提高创业成功率。又如,万象集团2019年双创主题日发布22个创新方向的40个创新合作案例等成果和需求,为行业内潜在合作伙伴创新创业开放内部资源,提高双创效率。

二、中小企业创新创业平台加快发展

中小企业创新创业平台聚焦公益性强、服务范围广、市场缺位和失灵的双创服务领域,开展融通创新、公共技术服务等多种服务,对初创企业和中小企业创新创业提供了良好服务支撑。

小微企业和中小企业平台不断壮大。国家小微企业创业创新示范基地和国家中小企业公共服务示范平台为企业提供创业创新场所和信息、技术、创业、培训、融资等各类服务,有效降低企业经营成本,增强核心竞争力。2019年,认定公告国家小微企业创业创新示范基地107家、国家中小企业公共服务示范平台197家,目前共有国家小微企业创业创新示范基地329家、国家中小企业公共服务示范平台657家,引导带动各地认定省级小微企业创业创新示范基地2600多家、中小企业公共服务示范平台近4000家。2019年全年,国家小型微型企业创业创新示范基地和国家中小企业公共服务示范平台共开展服务活动6万多场次,直接提供服务318万次,服务中小企业717万家次,为小微企业提供创新创业场所和有力的服务支撑。

大中小企业融通平台加快建设。财政部、工业和信息化部、科技部联合印发《关于支持打造特色载体推动中小企业创新创业升级的实施方案》,分三批支持200个优质实体经济开发区打造大中小企业融通型等四类创新创业特色载体,提升各类载体市场化专业化服务水平,推动中小企业创新创业升级。2019年,为更好指导各地打造大中小企业融通型创新创业特色载体,工信部、财政部联合印发《支持打造大中小企业融通型和专业资本集聚型特色载体工作指南》,

明确保障措施、完善工作机制,促进提升资源配置质量与效率。截至2019年底,已支持两批共158家开发区打造特色载体,其中大中小企业融通型特色载体69家。

第三节 创新创业教育和辅导培训

创业服务人员培训高质量发展,培训组织体系和课程体系日益完善。同时,创业教育和培训不断深化,有效推动"双创"升级。

一、创业服务人员培训由量变向质变转变

孵化器从业人员培训工作在推动双创、打造双创升级版中起到积极推动作用。2019年,孵化器从业人员培训人数为5712人,学员层次水平不断提升,培训组织和课程体系更趋完善。

专业孵化器参训学员占比继续提高。根据孵化器类型来看(2019年的有效样本4232人),2019年来自专业孵化器的学员1280人,占比较2018年提高近1个百分点。这体现出我国孵化器专业化发展持续深入,来自专业孵化器学员日益增多,培训逐渐向高端、专业和产业聚焦。

民营孵化器参训人员比例与上年持平。2019年,依靠社会资本建立的民营孵化载体发展日趋稳定成熟,参训学员更加注重培训活动对政策要点、实操技能、服务手段细致讲解和深入应用,对师资队伍建设和培训课程设计提出了更高的要求。在2019年整体参训学员人数规模下降的情况下,民营孵化器的参训学员仍然达到2741人,整体比例与2018年度接近,多于来自事业单位、国企孵化器、其他来源的学员总和。

孵化机构中高层管理人员参训比重增加。从最近三年学员职务

层级的变动情况来看,基层员工、中层人员所占比例减少,高层管理人员比例迅速升高,一方面体现了从业人员能够稳定地在孵化服务行业中工作和发展,另一方面对孵化器培训内容和形式都提出了更高要求,培训内容需要更加深入化、精细化和专业化。2019年,参训学员担任所在孵化器、众创空间高层管理岗位的人员比例增加到47.79%,中层员工比2018相比下降至36.14%,基层员工的比例与2018年相比下降为16.07%。

培训组织体系日趋成熟。全国自愿且有能力开展从业人员培训的地方协会或孵化器、众创空间等机构已经在全国遍地开花。目前,除西藏、海南、港澳台等少数省区还没有明确培训主办机构外,全国共有35家专业培训机构分布在各省区市、计划单列市开展培训工作,其中2019年有24家培训主办机构积极开展了孵化器从业人员培训。同时,各培训主办机构纷纷开展跨区域培训服务,有利于促进孵化器行业的经验交流和信息共享。培训工作流程日益完善,目前孵化器从业人员培训工作一般由地方培训机构主办,服务机构提供技术和智力服务,中国技术创业协会负责监督管理与证书发放,这种组织结构已经平稳运行多年,成为孵化器从业人员培训得以在全国高效推广的基础保证。

培训课程体系逐渐完善。2019年,国科火炬企业孵化器研究中心针对孵化器从业人员培训指导出版了行业内第一本全国统编教材《创业孵化管理》,编写了更为详细的教学大纲。各地培训机构依据教材大纲,结合本地孵化器、众创空间发展情况和学员需求对课程内容进行个性化设置,同时根据学员反馈情况及时调整后续培训的内容。目前,各地方培训机构逐渐形成一些具有地方特色的课程,比如北京、上海、广东、浙江等地课程内容丰富且贴近实战,江苏、山东、深圳等地在模块化基础上融入新内容,重庆、成都、河南、青岛等地课程力求创新,紧随国家政策动态来设计。

二、创业教育与培训不断深化

创业教育与培训有助于提升广大师生和创业者理论素养、实操技能、项目经验，2019 年创业教育与培训继续深化发展。

创新创业教育教学改革广泛开展。在课程建设方面，目前全国高校已经开设了创新创业专门课程 2.5 万余门，在线课程近七千门，组编专门教材三千余本。在师资建设方面，创新创业教育专职教师 1.8 万余人、兼职导师 11.4 万余人；连续举办和指导高校举办创新创业教育能力提升培训班，2019 年度培训教师 16.7 万余人次。在环境营造方面，评选出 50 所创新创业典型经验高校；举办创新创业讲座论坛 3.2 万余场，举办学生创新创业训练营等 2.6 万余个，培训学生 282 万余人次；成立全国高校创新创业协会、创业俱乐部等社团超过 9000 个。

创业培训大规模开展。2019 年 1 月，人社部印发《实施新生代农民工职业技能提升计划（2019—2022 年）》（人社部发〔2019〕5 号），明确将有意愿开展创业活动和处于创业初期的农民工全部纳入创业培训服务范围，积极开展创业创新培训。2019 年，全国共开展政府补贴性农民工创业培训 52.8 万人次。2019 年 5 月国务院办公厅印发《职业技能提升行动方案（2019—2021 年）》（国办发〔2019〕24 号），人社部指导各地面向有创业愿望的劳动者大规模开展创业培训，加强创业培训项目开发，不断增加培训供给，使有创业意愿和创业需求的劳动者获得创业培训服务，提高其就业创业能力。2019 年，全国共开展政府补贴性创业培训 222.8 万人次（其中，开展贫困劳动力创业培训 11.8 万人次，开展毕业年度的高校毕业生创业培训 72 万人次）。

创业培训师资力量不断扩充。2019 年人社部指导各地开展创业讲师培训 303 期，培养讲师 9000 余人，统一派遣培训师 606 人次。

其中,开展创业培训 255 期,培训讲师 7650 人;开展网络创业培训 48 期,培训讲师 1440 人。以"创业培训、创新引领"为主题,举办创业引领者专项活动暨第二届全国创业培训讲师大赛,全国共计 5000 余名讲师参赛,决出一、二、三等奖共计 10 名,全国创业培训讲师 50 强,推动了创业培训师资储备工作。同时,发布了创业培训技术服务管理平台和创业培训师资能力提升模型课题等成果。

创业扶贫培训力度不断加强。2019 年人社部在新疆、西藏、四省藏区、东北及内蒙古等地区共组织了 5 期创业师资培训班(2018 年为 4 期),5 期就业创业人员培训班,1 期创业带头人培训班,共培养创业师资 260 余名(2018 年为 245 名),创业人员 180 余名,创业带头人 30 余人,有效提升了西藏、新疆、四省藏区、东北及内蒙古等地区的创业师资水平,为贫困地区培养一批创业实践人员。

第三章 创业融资

2019 年,我国创业融资延续上年调整态势,机会与挑战并存。政府引导基金加快投资步伐,政府性融资担保机构回归担保主业,早期投资、创业投资继续放缓投资节奏,资本市场逐步释放改革红利,非股权融资领域不断创新金融产品与服务模式。

第一节 政府引导基金和政府性融资担保体系

2019 年,政府引导基金①进入全面发展阶段,工作重心从"遍地开花"式的增量发展逐步转入"精耕细作"式的存量运作。截至 2019 年底,全国共设立 1707 支政府引导基金②,总目标规模达到 10.81 万亿元,已到位资金规模 4.69 万亿元(见图 3-1)。国家融资担保基金坚持政府性融资担保准公共产品定位,通过再担保业务合作,初步形成了与省级融资担保再担保机构、辖内融资担保机构三级业务联动的合作体系,带动更多金融资源更好服务小微企业和创新创业。

---

① 政府引导基金即政府出资产业投资基金。
② 此处统计仅包含以母基金和直投基金形式存在的政府引导基金,不包含子基金。

一、政府引导基金投资步伐加快,投后管理日渐受到重视

在整体募资难度加大的环境下,多数政府引导基金加快投资进度,持续为股权投资市场提供资金支持。各地政府引导基金通过投资当地重点支持产业相关的子基金及企业,推动经济结构调整和产业转型升级。按基金设立时间看,政府引导基金加快投资步伐。六成以上 2014 年设立的引导基金投资比例超过 80%,六成以上 2015 年设立的引导基金投资比例已过半。近几年设立的基金中,约半数的投资比例达到 50%。

在工作重心转向存量基金运营管理的趋势下,政府引导基金的管理机构更加重视投后管理。目前,政府引导基金为子基金及被投企业主要介绍对接项目、出资人、第三方中介资源,提供政策相关的专业咨询或建议,争取或推动政府出台相关优惠政策等增值服务。为降低资金管理风险、确保政策目标实现,政府引导基金针对投后管理设置了相对完善的风控措施,主要包括建立健全内部财务管理制度、设置信息披露制度等,以增强对子基金和被投企业的风险管理。

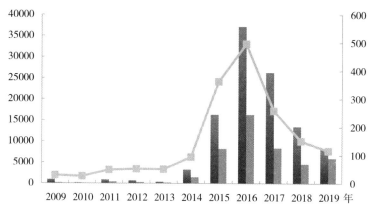

图 3-1 2009—2019 年我国政府引导基金设立和募资情况

二、融资担保行业加快发展,政府性融资担保机构回归担保主业

为进一步发挥政府性融资担保基金作用,2019 年 2 月 14 日国务院办公厅印发《关于有效发挥政府性融资担保基金作用切实支持小微企业和"三农"发展的指导意见》(国办发〔2019〕6 号)(以下简称《意见》)。《意见》强调,要坚持以供给侧结构性改革为主线,规范政府性融资担保基金运作,弥补市场不足,降低担保服务门槛,着力缓解小微企业、"三农"等普惠领域融资难、融资贵,支持发展战略性新兴产业,促进大众创业万众创新。

针对当前我国融资担保行业存在的业务聚焦不够、担保能力不强、银担合作不畅、风险分担补偿机制有待健全等问题,有关部门明确了相关举措。一是坚持聚焦支小支农融资担保主业。各级政府性融资担保、再担保机构要主动剥离政府债券发行和政府融资平台融资担保业务,不断提高支小支农担保业务规模和占比,重点支持单户担保金额 500 万元及以下的小微企业和"三农"主体。二是切实降低小微企业和"三农"综合融资成本。政府性融资担保机构坚持准公共定位,不以营利为目的,在可持续经营的前提下,保持较低费率水平。国家融资担保基金再担保业务收费一般不高于省级担保、再担保基金(机构),引导合作机构逐步将平均担保费率降至 1% 以下。

三是构建政府性融资担保机构和银行业金融机构共同参与、合理分险的银担合作机制。原则上国家融资担保基金和银行业金融机构承担的风险责任比例均不低于 20%,省级担保、再担保基金(机构)承担的风险责任比例不低于国家融资担保基金承担的比例。四是加强合作和资源共享,优化监管考核机制。国家融资担保基金和省级担保、再担保基金(机构)要推行统一的业务标准和管理要求,市、县融资担保机构要主动对标,提高业务对接效率。金融管理部门要实施差异化监管措施,适当提高对担保代偿损失的监管容忍度。银行业金融机构和融资担保、再担保机构要健全内部考核激励机制,提高支小支农业务考核指标权重。

国家融资担保基金加快业务运作,引导地方各级政府性融资担保机构加大支小支农担保供给,带动更多金融资源更好服务小微企业、"三农"主体和创新创业。截至 2019 年底,国家融资担保基金与 24 个省(区、市)和 2 个计划单列市 952 家政府性融资担保机构开展支小支农担保业务合作,与 12 家全国性银行签署银担"总对总"合作协议;累计完成再担保业务规模 2745 亿元、担保户数 16 万户,其中支小支农担保业务规模占比超过 95%,合作机构平均年担保费率降至 1.2%。

第二节　早期投资

2019 年,早期投资①市场整体发展平稳,募资和投资环节继续出现回调,退出环节则保持相对活跃。

---

① 早期投资是指投资机构或天使投资个人专注于种子期和起步期企业的股权投资。

一、早期投资基金募资继续回落,国资背景的出资人日益活跃

2019 年,全国早期投资机构新募集 84 支基金,同比下降 24.3%;披露募集金额为 119.25 亿元,同比下降 34.4%(见图 3-2)。国资背景的出资人成为早期投资基金募资的主要来源。在 2019 年早期投资市场中,有 26.4% 的出资人具有国资背景,尽管数量不占优势,但出资占比达到 52.6%。

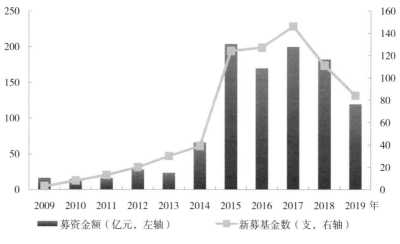

图 3-2　2009—2019 年我国早期投资机构基金募集情况

二、早期投资继续向下调整,投资重点支持科创行业

早期投资的数量和金额继续降温。受募资端压力传导,2019 年早期投资的案例数和总金额连续第二年出现回落(见图 3-3)。当年全国共发生 1362 起早期投资案例,同比下降 24.1%,披露投资金额为 113.36 亿元,同比下降 20.4%;平均单笔投资金额为 952.6 万元,同比上涨 1.2%。在不确定性的环境下,早期投资机构显得较为谨慎,更多投向头部优质项目。

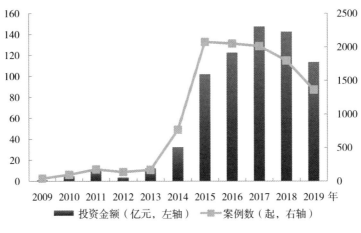

图 3-3　2009—2019 年我国早期投资市场投资情况

　　早期投资关注科技创新行业。2019 年,信息技术、互联网和生物技术/医疗健康行业是早期投资的重点投向行业(见表 3-1)。其中,信息技术行业发生 420 起投资案例,披露投资金额为 32.26 亿元。人工智能、云计算、大数据等细分领域的持续创新和应用落地助力信息技术行业增长。互联网行业发生 313 起投资案例,披露投资金额为 24 亿元。互联网行业的主要增长点在于物联网、产业互联网以及 5G 网络带来的新兴应用场景。具备抗周期性的生物技术/医疗健康行业也逐渐展露优势,发生 125 起投资案例,披露投资金额为 13.93 亿元。

表 3-1　2019 年我国早期投资行业分布情况

行　　业	案例数 (起)	比例	披露金额的 案例数(起)	投资金额 (亿元)	比例
信息技术	420	30.84%	357	32.26	28.46%
互联网	313	22.98%	277	24.00	21.17%
生物技术/医疗健康	125	9.18%	113	13.93	12.29%
半导体及电子设备	79	5.80%	72	8.42	7.43%

行　业	案例数（起）	比例	披露金额的案例数(起)	投资金额（亿元）	比例
电信及增值业务	76	5.58%	64	6.05	5.34%
娱乐传媒	62	4.55%	53	4.76	4.20%
机械制造	52	3.82%	50	4.82	4.25%
连锁及零售	46	3.38%	43	3.90	3.44%
教育与培训	45	3.30%	40	2.30	2.03%
金融	33	2.42%	27	2.33	2.06%
清洁技术	25	1.84%	20	2.35	2.08%
食品/饮料	20	1.47%	19	1.02	0.90%
化工原料及加工	18	1.32%	17	1.97	1.74%
汽车	13	0.95%	10	2.01	1.77%
物流	8	0.59%	7	1.65	1.46%
建筑/工程	5	0.37%	5	0.63	0.56%
纺织及服装	4	0.29%	4	0.42	0.37%
房地产	4	0.29%	3	0.12	0.11%
农/林/牧/渔	2	0.15%	1	0.10	0.09%
能源及矿产	1	0.07%	1	0.10	0.09%
其他	11	0.81%	7	0.19	0.16%
合计	1362	100%	1190	113.36	100%

三、京沪继续领跑,浙深苏稳中有进

2019 年,北京仍然是我国早期投资市场最活跃的地区,共发生 414 起投资案例数,披露投资金额 31.88 亿元(见表 3-2)。上海紧随其后,发生 200 起投资案例数,披露投资金额 16.72 亿元。受移动互联网、娱乐传媒、互联网金融等投资热潮降温影响,京沪两地的投资活跃度出现下降。相比而言,浙江、深圳、江苏等地凭借较为均衡的产业布局,紧紧抓住科技创新产业的增长点,保证早期投资实现平稳增长。在整体市场下滑的背景下,江苏逆势而上,2019 年的投资案例数和金额分别同比增长 22.1%和 122.1%。

表 3-2　2019 年我国早期投资地域分布情况

地　域	案例数（起）	比例	披露金额的案例数（起）	投资金额（亿元）	比例
北京	414	30.40%	359	31.88	28.13%
上海	200	14.68%	171	16.72	14.75%
浙江	174	12.78%	147	13.26	11.70%
深圳	157	11.53%	145	15.00	13.23%
江苏	83	6.09%	74	9.24	8.15%
广东(除深圳)	76	5.58%	68	8.01	7.07%
四川	46	3.38%	43	3.50	3.08%
湖北	42	3.08%	33	2.69	2.37%
安徽	33	2.42%	29	2.52	2.22%
福建	30	2.20%	29	2.60	2.29%
天津	15	1.10%	13	0.68	0.60%
湖南	13	0.95%	13	0.75	0.66%
陕西	13	0.95%	12	1.61	1.42%
山东	11	0.81%	10	0.53	0.46%
重庆	7	0.51%	7	0.58	0.51%
辽宁	6	0.44%	4	0.17	0.15%
河北	5	0.37%	4	0.78	0.68%
海南	3	0.22%	2	0.41	0.36%
江西	3	0.22%	3	0.37	0.33%
贵州	2	0.15%	2	0.30	0.26%
河南	2	0.15%	1	0.01	0.01%
吉林	1	0.07%	1	0.20	0.18%
黑龙江	1	0.07%	1	0.01	0.01%
新疆	1	0.07%	1	0.15	0.13%
其他	14	1.03%	10	0.89	0.79%
未披露	10	0.73%	8	0.52	0.46%
合计	1362	100%	1190	113.36	100%

第三节　创业投资

2019 年,我国创业投资市场延续上年调整态势,机会与挑战并存。一方面,市场在募资和投资环节继续向下调整。新募集的创业投资基金数量和金额持续缩减,投资活跃度出现下滑,投资阶段逐渐后移。另一方面,创业投资市场的参与主体仍在增加,且更加务实,重点关注于信息技术、半导体及电子设备、机械制造等具备"硬科技"属性的行业以及抗周期性的生物技术/医疗健康行业。

一、创投机构数量和管理资本量小幅增长

2019 年,我国创业投资市场的参与主体仍在增加,创业投资机构数量和管理资本量均有小幅增长。截至 2019 年底,基金业协会已备案创业投资基金 7978 支,基金规模 12088.26 亿元,分别同比增长 22.59%、34.44%。2019 年当年新备案创业投资基金 1861 支,基金规模 1146.18 亿元。同期,我国股权投资市场累计管理资本总量超过 11 万亿元,其中创业投资机构管理资本量约为 2.6 万亿元。

二、新募基金数量和募资规模继续缩减

2019 年,受宏观经济、行业监管等因素变化影响,我国创业投资市场新募集的基金数量和金额延续上年的下滑趋势。当年,创业投资机构新募集 702 支基金,同比下降 4.2%,其中披露募资规模的 698 支基金新增募集金额为 2167.9 亿元,同比下降 28.3%(见图 3-4)。在整体募资难的背景下,新募基金的平均募资规模降至 3.1 亿元,同比下降 32.7%。从基金规模看,大额基金募集数量下降,小规模基金占比提升。2019 年,新募集规模超过 10 亿元的基金数量只有 58 支,同比下降 9.4%,新募集金额 1177.8 亿元,同比下降 41.5%。

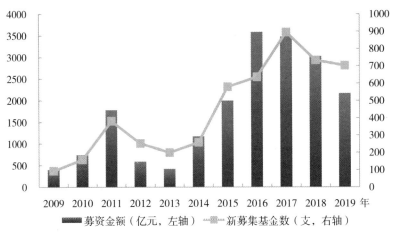

图 3-4   2009—2019 年我国创业投资市场的募资情况

三、投资活跃度出现下滑

鉴于募资市场连续两年呈向下调整趋势,现已逐步传导至投资市场,创投机构普遍较为谨慎,整体的投资活跃度出现下滑。2019年,我国创业投资市场共发生 3455 起投资案例,同比下降 20.0%,其中披露投资金额的 2879 起投资交易共涉及 1577.8 亿元,同比下降25.5%(见图 3-5)。

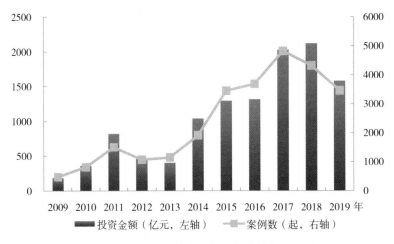

图 3-5   2009—2019 年我国创业投资市场的投资情况

四、部分高技术产业领域投资备受青睐

2019 年,我国创业投资市场的投资领域主要集中于信息技术、生物技术/医疗健康、互联网三个行业(见表3-3)。随着互联网流量红利见顶,创投机构逐渐青睐具备"硬科技"属性的信息技术行业与抗周期性的生物技术/医疗健康行业,两者排名位居前两位,而互联网行业的投资排名首次降至第三。从投资案例数看,信息技术、生物技术/医疗健康、互联网分别发生 952 起、576 起、493 起。从投资金额看,信息技术和生物技术/医疗健康均超过 300 亿元,互联网行业紧随其后,三者占比接近 60%。值得注意的是,在中美经贸摩擦以及国家战略的推动下,半导体及电子设备行业、机械制造行业等领域日益获得创投机构的关注,投资活跃度排名进入前五。

表 3-3 2019 年我国创业投资行业分布情况

行　业	案例数（起）	比例	披露金额的案例数（起）	投资金额（亿元）	比例	平均投资额（亿元）
信息技术	952	27.6%	776	356.40	22.6%	0.46
生物技术/医疗健康	576	16.7%	507	304.15	19.3%	0.60
互联网	493	14.3%	408	242.75	15.4%	0.59
半导体及电子设备	323	9.3%	273	142.33	9.0%	0.52
机械制造	181	5.2%	155	89.64	5.7%	0.58
电信及增值业务	160	4.6%	134	95.86	6.1%	0.72
娱乐传媒	118	3.4%	97	27.67	1.8%	0.29
金融	96	2.8%	73	33.45	2.1%	0.46
清洁技术	86	2.5%	65	42.31	2.7%	0.65
连锁及零售	73	2.1%	65	54.10	3.4%	0.83
化工原料及加工	71	2.1%	68	23.74	1.5%	0.35
教育与培训	62	1.8%	50	16.11	1.0%	0.32
汽车	52	1.5%	34	20.32	1.3%	0.60

行　业	案例数（起）	比例	披露金额的案例数（起）	投资金额（亿元）	比例	平均投资额（亿元）
物流	34	1.0%	26	29.65	1.9%	1.14
食品/饮料	34	1.0%	27	15.88	1.0%	0.59
建筑/工程	27	0.8%	20	16.24	1.0%	0.81
能源及矿产	17	0.5%	16	3.85	0.2%	0.24
农/林/牧/渔	15	0.4%	13	5.17	0.3%	0.40
房地产	15	0.4%	13	19.65	1.2%	1.51
纺织及服装	11	0.3%	9	2.58	0.2%	0.29
广播电视及数字电视	1	0.0%	1	0.01	0.0%	0.01
其他	49	1.4%	40	34.60	2.2%	0.87
未披露	9	0.3%	9	1.34	0.1%	0.15
合计	3455	100%	2879	1577.80	100%	0.55

五、投资阶段逐渐后移

受市场不确定性加大影响,创投机构避险情绪明显提升,导致初创期投资占比下降、扩张期投资占比上升。2019年,我国创业投资市场的投资阶段逐渐后移,扩张期和成熟期的投资案例共发生1902起,占比由上年的52.2%上升至55.1%;投资金额共计1070.5亿元,占比上升至67.8%(见表3-4)。

表3-4　2019年我国创业投资阶段分布情况

投资阶段	案例数（起）	比例	披露金额的案例数（起）	投资金额（亿元）	比例	平均投资额（亿元）
种子期	487	14.1%	366	154.90	9.8%	0.42
初创期	998	28.9%	836	334.28	21.2%	0.40
扩张期	1429	41.4%	1214	762.40	48.3%	0.63
成熟期	473	13.7%	415	308.07	19.5%	0.74
未披露	68	2.0%	48	18.15	1.2%	0.38
合计	3455	100%	2879	1577.80	100%	0.55

六、创业投资向北上深等东部发达地区集聚

2019年,我国创业投资主要集中在北京、上海、深圳三地,合计占比超过50%(见表3-5)。其中,拥有丰富科技人才、雄厚资本等有利资源的北京仍居首位,投资案例数为796起,投资金额达380.68亿元;上海紧随其后,投资案例数和投资金额分别为610起和274.19亿元;深圳位居第三,发生440起投资案例,投资金额为192.1亿元。民营经济活跃的江苏、浙江、广东三地属于第二梯队,合计占比超过25%。与东部地区相比,以四川、湖北为代表的中西部地区仍有相当差距,当地的创业投资市场需要进一步发展壮大。

表3-5 2019年我国创业投资地域分布情况

地 域	案例数(起)	比例	披露金额的案例数(起)	投资金额(亿元)	比例	平均投资额(亿元)
北京	796	23.0%	657	380.68	24.1%	0.58
上海	610	17.7%	496	274.19	17.4%	0.55
深圳	440	12.7%	398	192.10	12.2%	0.48
江苏	373	10.8%	312	176.82	11.2%	0.57
浙江	339	9.8%	274	144.26	9.1%	0.53
广东(除深圳)	226	6.5%	197	99.66	6.3%	0.51
四川	104	3.0%	88	31.47	2.0%	0.36
湖北	68	2.0%	61	37.62	2.4%	0.62
山东	55	1.6%	47	46.01	2.9%	0.98
陕西	54	1.6%	46	31.04	2.0%	0.67
安徽	52	1.5%	43	27.72	1.8%	0.64
福建	51	1.5%	42	14.39	0.9%	0.34
湖南	39	1.1%	31	12.60	0.8%	0.41
天津	35	1.0%	31	17.98	1.1%	0.58
河南	22	0.6%	19	9.25	0.6%	0.49
重庆	22	0.6%	19	21.52	1.4%	1.13
河北	11	0.3%	9	2.56	0.2%	0.28

地 域	案例数（起）	比例	披露金额的案例数（起）	投资金额（亿元）	比例	平均投资额（亿元）
江西	11	0.3%	4	3.53	0.2%	0.88
辽宁	11	0.3%	10	13.22	0.8%	1.32
贵州	10	0.3%	5	0.55	0.0%	0.11
海南	7	0.2%	5	4.75	0.3%	0.95
新疆	6	0.2%	4	0.62	0.0%	0.16
云南	6	0.2%	6	8.58	0.5%	1.43
广西	4	0.1%	3	1.04	0.1%	0.35
黑龙江	3	0.1%	3	0.55	0.0%	0.18
吉林	3	0.1%	3	1.17	0.1%	0.39
山西	2	0.1%	1	1.00	0.1%	1.00
青海	1	0.0%	1	0.50	0.0%	0.50
宁夏	1	0.0%	1	0.10	0.0%	0.10
内蒙古	1	0.0%	1	0.37	0.0%	0.37
其他	44	1.3%	34	13.20	0.8%	0.39
未披露	48	1.4%	28	8.76	0.6%	0.31
合计	3455	100%	2879	1577.80	100%	0.55

第四节　资本市场融资

2019年,我国加快完善多层次资本市场建设。设立科创板并试点注册制成功落地,研究制定创业板改革方案,全面启动新三板改革,充分发挥直接融资和并购重组功能,对推动经济转向创新驱动发展起到积极作用。

一、多层次资本市场体系不断增强对科技型企业的包容性

2019年,证监会加强资本市场顶层设计,出台全面深化资本市场改革方案,进一步健全多层次资本市场体系,设立科创板并试点注册制,研究制定创业板改革方案,全面启动新三板改革,推动区域性

股权市场制度和业务创新试点。在支持创新创业方面,积极推动资本市场与科技创新的深度融合,充分发挥科创板的试验田作用,加快创业板改革,深化新三板改革,进一步增强对科技型企业的包容性。全年共有 201 家企业首次公开发行并上市,融资 2490 亿元。

2019 年 1 月,经党中央、国务院同意,证监会公布《关于在上海证券交易所设立科创板并试点注册制的实施意见》,标志着我国证券市场开始从设立科创板入手,逐步探索符合我国国情的证券发行注册制。设立科创板并试点注册制,旨在补齐资本市场服务科技创新的短板,着力支持符合国家战略、突破关键核心技术、市场认可度高的科技创新企业做优做强。6 月 13 日,在第十一届陆家嘴论坛开幕式上,中国证监会和上海市人民政府联合举办了上海证券交易所科创板开板仪式。7 月 22 日,科创板首批 25 家公司在上海证券交易所挂牌上市交易。开市以来,科创板运行总体平稳,试点注册制运转有序,改革取得了积极成效。截至 2019 年底,科创板申请注册107 家,其中完成注册程序 80 家,有 70 家完成发行上市交易,融资824. 27 亿元。

创业板是资本市场服务高新科技型、创业型企业的板块。2019年,创业板加快深化改革的步伐,推进创业板改革并试点注册制,完善发行上市、并购重组、再融资等基础制度,进一步扩大对创新创业企业的包容性和覆盖面。其中,证监会充分借鉴科创板成功经验,制定创业板改革并试点注册制总体实施方案;修改《上市公司重大资产重组管理办法》,支持符合国家战略的高新技术产业和战略性新兴产业相关资产在创业板重组上市;修订《创业板上市公司证券发行管理暂行办法》再融资规则,精简发行条件,拓宽创业板再融资服务覆盖面。截至 2019 年底,创业板共有 791 家公司上市,累计成交23. 16 万亿元,累计融资 4142. 5 亿元。

新三板设立以来,围绕服务创新创业型中小企业发展的市场定位,持续推进改革创新,在缓解中小企业融资难融资贵、促进创新创业等方面发挥了积极作用,已成为资本市场服务中小企业和民营经济的重要平台。目前,境内符合条件的创新创业企业均可申请在新三板挂牌,不受所有制、地域、规模等限制,也可以尚未盈利。挂牌公司可以向不特定合格投资者公开发行股票、定向发行普通股或优先股、发行债券等方式直接融资,实施并购重组,促进转型升级。截至2019年底,新三板市场共有挂牌公司8953家。其中,2013—2019年间累计有6432家挂牌公司发行股票10658次,融资金额4954.48亿元;2019年有600家挂牌公司发行股票637次,融资金额264.63亿元。

区域性股权市场是多层次资本市场体系的重要组成部分,是金融服务中小微企业的重要平台,在推进供给侧结构性改革、促进大众创业万众创新、服务创新驱动发展战略、降低企业杠杆率等方面具有重要意义。区域性股权市场制度和业务创新试点已纳入证监会全面深化资本市场改革重点任务中,相关工作正在深入推进。截至2019年底,全国34家区域性股权市场共有挂牌公司28831家,展示企业111287家,纯托管企业7997家,累计为企业实现各类融资1.13万亿元,其中股权融资2041亿元,债券融资3301亿元,股权质押融资3959亿元,其他融资1994亿元。2019年全年为各类企业实现股权融资1068笔,累计637亿元;债券融资2170笔,累计706亿元,有效拓宽中小微企业直接融资渠道。

二、并购市场持续降温

早期投资和创业投资参与热度较高的移动互联网、娱乐传媒等行业并购交易数量大幅减少,导致投资机构在并购交易中的渗透率明显下滑。2019年,我国共发生与私募股权相关的并购交易679起,同比下降46.5%;披露金额的并购案例总交易规模为5799.28亿元,同比下降20.6%（见图3-6）。

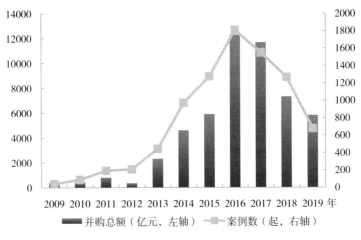

图 3-6 2009—2019 年我国私募股权相关的并购市场情况

　　生物技术/医疗健康、信息技术和机械制造等行业的并购交易最为活跃。2019 年我国私募股权相关并购行业中,生物技术/医疗健康行业以 77 起交易案例成为最热门的并购行业,占总交易量的11.3%,涉及并购金额为 213.51 亿元;信息技术行业以 74 起交易案例位居第二,占总交易量的 10.9%,涉及并购金额为 327.63 亿元;机械制造行业以 60 起交易案例排名第三,占总交易量的 8.8%,涉及并购金额为 376.68 亿元(见表 3-6)。

表 3-6　2019 年我国私募股权相关的并购市场行业分布情况(按被并购方计)

行　业	案例数（起）	比例	披露金额的案例数（起）	并购金额（亿元）	比例
生物技术/医疗健康	77	11.3%	64	213.51	3.7%
信息技术	74	10.9%	57	327.63	5.6%
机械制造	60	8.8%	57	376.68	6.5%
半导体及电子设备	51	7.5%	45	358.94	6.2%
化工原料及加工	48	7.1%	46	369.48	6.4%
清洁技术	47	6.9%	42	477.95	8.2%

行　业	案例数（起）	比例	披露金额的案例数（起）	并购金额（亿元）	比例
互联网	37	5.4%	27	701.24	12.1%
其他	34	5.0%	29	138.33	2.4%
建筑/工程	33	4.9%	28	58.39	1.0%
金融	33	4.9%	30	445.19	7.7%
能源及矿产	30	4.4%	22	232.44	4.0%
房地产	25	3.7%	15	215.50	3.7%
汽车	24	3.5%	19	70.81	1.2%
连锁及零售	23	3.4%	16	749.45	12.9%
农/林/牧/渔	17	2.5%	15	67.55	1.2%
电信及增值业务	14	2.1%	11	55.59	1.0%
食品/饮料	13	1.9%	11	411.52	7.1%
娱乐传媒	12	1.8%	8	114.96	2.0%
物流	9	1.3%	9	76.92	1.3%
纺织及服装	9	1.3%	9	34.05	0.6%
教育与培训	6	0.9%	5	189.78	3.3%
广播电视及数字电视	3	0.4%	3	113.36	2.0%
总计	679	100%	568	5799.28	100%

第五节　非股权融资

2019年,我国非股权融资领域继续围绕双创工作,创新金融产品与服务模式,推动双创金融服务水平迈上新台阶。人民银行和证监会鼓励企业发行双创债券、双创债务融资工具,鼓励金融机构发行双创金融债券,金融机构持续优化科技金融服务体系,政策性银行发挥自身比较优势积极支持创新创业,多部门共同推动进一步提升对小微企业的金融服务质效,各地金融机构为双创重点群体不断丰富创业融资渠道。

一、继续鼓励发行双创金融债券

发展改革委支持发行创投基金类债券和双创孵化专项债券,并通过政府出资产业投资基金、创业投资基金支持创新创业创造、产业转型升级,推动经济高质量发展。截至 2019 年底,累计核准创投基金类债券 6 支,合计 133.9 亿元,双创孵化专项债券 4 支,合计 85 亿元。人民银行支持发行双创领域债务融资工具,增加创新创业企业资金来源。积极鼓励商业银行扩大双创专项金融债券发行规模,增加双创企业信贷资金来源。截至 2019 年底,共有 10 家商业银行累计发行双创金融债券 143 亿元。

人民银行指导银行间市场交易商协会持续推进双创领域债务融资工具相关工作,提升双创专项债务融资工具募集资金用于投资股权比例,支持创投机构发行债务融资工具缓解募资困境,推动新经济代表企业、科技创新企业发行资产支持票据。截至 2019 年底,双创园区经营企业累计发行双创专项债务融资工具 438.9 亿元,创投机构累计发行债务融资工具 150.8 亿元,新经济代表企业、科技创新企业累计发行资产支持票据 222.8 亿元。

证监会支持创新创业企业通过债券市场融资,健全资本形成方式,培育优质企业发展壮大。2017 年 7 月,发布《中国证监会关于开展创新创业企业债券试点的指导意见》,设立专项机制支持科技型中小企业发债融资。同时,健全股债结合机制,推出附转股条款的创新创业公司债券,有效降低企业融资成本,满足企业多样化的融资需求。截至 2019 年底,交易所债券市场共发行创新创业债券 65 支,发行规模 110.4 亿元,其中有 7 支为附转股条款的创新创业可转债,发行规模为 3.6 亿元。

二、持续优化科技金融服务体系

人民银行、银保监会持续引导银行保险机构优化科技金融服务体系,拓宽科技企业融资渠道,提升科技金融服务质效。截至 2019 年底,全国银行业已设立科技支行、科技金融专营机构 750 家,对科技企业贷款余额 4.1 万亿元,存量客户 13.7 万户。

银行保险机构不断创新科技金融服务模式,探索股权与债权相结合,开展知识产权质押融资、跟贷、远期利率期权、认股权等业务,为科技企业提供持续资金支持。截至 2019 年底,全国银行业金融机构外部投贷联动项下科技企业贷款余额 348.8 亿元。银行机构拓宽贷款抵质押范围,推出知识产权质押融资等金融产品为科技企业提供授信。2019 年,全国银行业的知识产权质押融资业务发放贷款 503.4 亿元,贷款户数 3989 户,年末贷款余额 656.2 亿元。保险机构通过直接股权投资向科技企业投资 252 亿元。其中,保险机构投资双创基金 8 支,认缴规模 19.7 亿元,涉及创业型基金 6 支、创新型基金 2 支,分别认缴 11.7 亿元、8 亿元,重点支持医疗健康、新能源、信息通信等先进制造业领域发展。

专栏 3-2　创新科技金融服务模式

　　工商银行开发"投普贷""结构创新型可认股安排权"等创新产品,依托私募股权投资及保证担保,通过外部投贷联动模式为成长性突出的小微科技企业提供融资支持。

　　农业银行开展知识产权类应收账款质押业务,拓展"知识产权质押+政府风险补偿""知识产权质押+保证保险"等融资模式,对取得国家级或省级高新技术企业证书的优质科技企业,进行"知识产权质押+核心技术骨干保证"组合担保的可行性分析,降低科技企业的融资门槛。截至 2019 年底,该行知识产权质押贷款余额 87.9 亿元,客户 349 户。

　　上海农商行推出"鑫动能"战略新兴客户培育计划,建立战略性新兴产业领域内的科创企业培育库,定制"一户一策"金融服务方案。截至 2020 年 4 月末,已入库科创企业 73 家,授信 38 亿元,其中 5 家申报科创板、1 家成功挂牌。

三、政策性银行发挥自身优势积极支持创新创业

国家开发银行和进出口银行通过银行转贷款模式,将政策性银行批发性资金转贷给地方性法人银行,为小微企业提供低成本融资。

截至 2019 年底,国家开发银行转贷款余额 988 亿元,惠及小微企业超过 12 万户;进出口银行转贷款余额 527 亿元,支持小微企业近 2 万户。

农业发展银行结合返乡创业人员实际需要,利用组合型金融产品,为双创园区等创新体系建设、返乡下乡人员及农民培训基地建设、返乡下乡人员开拓新产业新业态、新型农业经营主体、涉农企业创新创业等双创领域提供金融支持。2019 年,农业发展银行扶持双创项目累计贷款余额 188.7 亿元。

四、进一步提升小微企业金融服务质效

2019 年,人民银行采取多种措施,持续加大对小微企业的支持力度。一是发挥货币政策调节作用,引导商业银行扩大民营小微企业信贷投放。分三次定向下调服务县域的农商行存款准备金率 2—3.5 个百分点至农信社档次,分两次定向下调仅在本省经营的城商行存款准备金率 1 个百分点,共释放流动性约 4000 亿元,全部用于发放小微、民营企业贷款;分三次开展定向中期借贷便利操作,为金融机构扩大对小微、民营企业的信贷投放提供优惠利率的长期稳定资金 8226 亿元。二是加大创业担保贷款贴息力度,支持重点群体就业创业。不断完善创业担保贷款贴息政策,将贷款支持对象扩大至农村自主创业农民、建档立卡贫困户、复员转业退役军人、高校毕业生等十类重点就业群体;将个人和小微企业创业担保贷款额度上限分别从 10 万元和 200 万元,提高至 15 万元和 300 万元;放宽小微企业贷款申请条件,将小微企业当年新招用符合条件的职工人数占比由 25% 降为 20%(超过 100 人的企业占比由 15% 降为 10%);支持各地结合实际,优化创业担保贷款贴息条件,有效减轻创业融资负担,促进创业带动就业。截至 2019 年底,全国创业担保贷款余额 1442 亿元,同比增长 35.5%。

2019 年,银保监会抓严做实监管考核督导,银行业金融机构围绕小微企业信贷服务在增量、扩面、稳定价、控风险等多个目标间取得较好平衡,圆满完成全年"两增两控"目标①。截至 2019 年底,全国普惠型小微企业贷款余额 11.7 万亿元②,较年初增长 24.7%,比各项贷款增速高出 12.7 个百分点;有贷款余额的户数 2111.9 万户,较年初增加 388.7 万户。2019 年,银行业金融机构新发放的普惠型小微企业贷款利率 6.7%,较上年发放的普惠型小微企业贷款利率下降 0.7 个百分点。同时,银保监会结合实际,指导商业银行建立健全激励支持政策。一是将普惠型小微企业不良贷款容忍度由不高于各项贷款不良率 2 个百分点放宽至 3 个百分点。二是加大续贷政策支持,完善风险分类办法,引导银行合理确定续贷贷款风险分类。

五、各地金融机构为创新创业重点群体不断丰富融资渠道

2019 年,各地金融机构围绕小微企业、科技企业、"三农"等双创重点领域和群体,创新金融产品与服务模式,不断丰富创业融资渠道。一是银保监会倡导在全国范围内开展"百行进万企"融资对接工作,鼓励银行机构主动贴近小微企业,全面了解小微企业融资需求特点和偏好,在银企信息充分交流基础上,自愿对接融资,实现银企良性互动。同时,银保监会指导各地银保监局加强与地方政府沟通,推动各级地方政府为符合条件的双创小微企业投保贷款保证保险给予风险补偿或保费补贴,为创新创业工作提供有效支持。二是上海、浙江、湖北等地通过"政府+银行+保险"模式,以贷款保证保险产品

---

① "两增",是指普惠型小微企业贷款同比增速不低于各项贷款同比增速,有贷款余额的户数不低于上年同期水平;"两控",是指合理控制小微企业贷款资产质量水平和贷款综合成本(包括利率和贷款相关的银行服务收费)水平。
② 普惠型小微企业贷款,是指银行业金融机构向国标口径的小微企业以及个体工商户、小微企业主发放的,单户授信总额 1000 万元及以下的经营性贷款。

为载体,为小微企业提供增信服务。2019年,信用保险和融资性保证保险为包括双创企业在内的72.2万家小微企业提供融资增信服务,助力其获得银行贷款1540.9亿元。三是金融机构深化放管服改革,便捷双创重点群体金融服务。建设银行开展"普惠金融百万创业者培训计划",重点针对小微企业主、个体工商户、双创人群提供专业化培训服务。2019年通过多种形式完成培训计划3.6万期,培训92余万人次。针对自主择业军转干部的创业需求,建设银行根据代理其退役金发放情况,创新"军转E贷"。中国银行以创业担保贷款支持高校毕业生、返乡创业农民工、下岗失业人员等重点群体创业就业,简化创业类贷款项目开办流程。截至2019年底,个人创业担保贷款余额11.7亿元。

第四章　创业就业

　　2019 年,我国进一步做深做细"放管服"改革,不断落实优化营商环境各项任务措施,创业企业经营环境明显优化,市场主体活力得到增强,同时也涌现出了一大批竞争力强、成长性好、知名度高的创新创业主体。越来越多的大学生、科研人员、归国人员、返乡农民工立足自身禀赋和优势投身创新创业,灵活就业岗位快速增加,创业带动就业效应日益增强,使创新创业真正成为不同群体创造价值、实现梦想的有效途径。

第一节　创业企业

　　我国持续推动"放管服"改革和优化营商环境各项任务措施落地见效,创业企业环境不断优化。2019 年,我国创业企业数量继续保持快速增长态势,新登记和实有企业数量持续稳步增加,创业企业行业结构进一步优化,区域结构继续呈现分化势头,独角兽和瞪羚企业仍然保持快速增长态势。

一、创业企业数量增长较快

　　新登记企业数量持续稳步增长。2019 年全国新登记企业数量达到 739.1 万户,同比增长 10.3%,与 2018 年增长水平持平(见表

4-1）。全年日均新设企业 2.02 万户,较 2018 年日均新设量增长了 13.8%。

实有企业数量持续提高。我国实有企业在连续六年实现两位数增长的基础上,继续保持两位数增长势头。截至 2019 年底,我国实有企业数量为 3858.3 万户,同比增长 11.0%,增速较上年略有放缓。

表 4-1　2016—2019 年创业企业情况

（单位:万户）

	新设企业	同比增长	日均新设	同比增长	实有企业数	同比增长
2016	552.8	24.5%	1.51	25.8%	2594.7	18.8%
2017	607.37	9.9%	1.66	10.2%	3033.7	16.9%
2018	670.0	10.3%	1.8	8.43%	3474.2	14.5%
2019	739.1	10.3%	2.02	12.2%	3858.3	11.0%

二、三大产业新设企业结构比例继续优化

第三产业持续快速增长。2019 年第三产业新设企业 594.68 万户,增长 11.2%,带动第三产业实有企业比重由 2018 年底的 76.50% 提升到 2019 年底的 76.98%。其中,教育、卫生、娱乐等行业新设企业继续保持快速增长态势。全年教育行业新设企业共 96203 户,相较 2018 年底增长了 75.6%,其次,卫生和社会工作行业与文化、体育和娱乐行业新设企业的增速也分别达到了 48.3% 和 32.3%。相较第三产业,第二产业新设企业增速放缓。2019 年第二产业新设企业 127.67 万户,同比增长 8.8%。第一产业新登记企业数量保持下降态势。2019 年第一产业新登记企业数量 16.72 万户,相较 2018 年下降 15.6%。

三、创业企业质量不断提升

私营企业继续保持较快增速。作为我国市场经济中最具活力的部分,2019 年新设私营企业突破 700 万大关,达到 702.69 万户,增长

11.89%。从行业看,服务业增长最快,主要集中在批发和零售业、租赁和商务服务业、文化、体育和娱乐业,三个行业合计占50%以上。

独角兽企业和瞪羚企业发展稳中有进。CB Insights 2020 年 3 月公布了 2019 全球独角兽企业名单,共有 326 家公司上榜,上榜企业总估值接近 1.1 万亿美元,融资总额超过 2710 亿美元。从榜单来看,我国有 92 家公司上榜,较 2018 年增加了 4 家企业,同比增长 0.45 个百分点。今日头条成为榜单中估值最高的公司,此外滴滴出行估值在全球排名第三。同时,根据全球 INS 大会研究院联合经济观察报政研院等机构发布的由启信宝提供数据支持的《2019 年中国瞪羚企业数据报告》,全国共有 25057 家高新技术企业成为瞪羚企业。数据显示,这 25057 家瞪羚企业分布在中国大陆的 31 个省(区、市),其中广东省以 4423 家瞪羚企业高居全国首位,北京和江苏分别以 3190 家、3180 家紧随其后。数量过千家的省(区、市)还包括浙江、上海和山东。此外,瞪羚企业地域积聚性较强,广东、北京、江苏排名前三,三省市瞪羚企业合计达到 10793 家,全国占比达 43.1%,加上浙江、上海、山东三省,六地瞪羚企业合计达到 16267 家,全国占比扩大到 64.9%。从行业看,制造业的瞪羚企业数量最多,高达 9577 家,占比 38.22%;科学研究和技术服务业 8170 家,占比 32.61%;信息传输、软件和信息技术服务业有 2996 家,占比 11.96%。

企业实力不断增强。《财富》杂志公布的 2019 年世界 500 强排行榜,其中 129 家来自中国,占比超过四分之一。其中,格力(第 414 位)和小米(第 468 位)均为首次上榜,小米更成为 2019 年世界 500 强中最年轻的上榜公司,竞争实力进一步增强。

产品质量逐渐提升。福建日报社所属海峡消费报社联合汉斯曼集团(HQTS)发布《2019 年中国中小企业消费品质量数据报告》,就消费者关心的产品质量化、标准化、安全问题等进行数据统计,对全国 20 多个省、自治区和直辖市(不含港澳台地区)的近万家中小企业(包括入驻电商平台商家)生产和流通领域的超过 15 万批次产品进行了检验检测。报告显示,全国中小企业消费品的整体合格率为 94.8%,同比增长 0.8 个百分点,较 2018 年有所提升,同时自 2015 年以来连续呈上升态势。2015 年至 2019 年中小企业消费品质量抽检合格率变化趋势如图 4-1 所示。

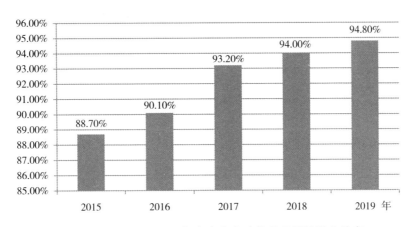

图 4-1　2015—2019 年中小企业消费品质量抽检合格率

资料来源:《2019 年中国中小企业消费品质量数据报告》。

四、创业企业区域结构差异明显

东部地区仍是新登记企业、实有企业数量最多的地区。2019 年,东部、中部、西部、东北地区新登记企业分别为 410.72 万户、157.39 万户、134.44 万户、36.54 万户。截至 2019 年底,东部、中部、西部、东北地区实有企业数量分别为 2231.33 万户、713.32 万户、716.03 万户、197.63 万户。

第二节　个体工商户和农民专业合作社

个体工商户和农民专业合作社是创业主体的重要组成部分。受多种因素影响,2019年新登记个体工商户户数继续保持增长态势,新登记农民专业合作社呈现下降趋势。

一、个体工商户数量稳步增长

新登记个体工商户稳步增长但增速有所下降。2019年全国新登记个体工商户1621.8万户,增长11.4%,较2018年增速有所下降。

实有个体工商户增长较快。截至2019年底,全国实有个体工商户8261万户,同比增长12.7%。

表4-2 2016—2019年个体工商户情况

（单位:万户）

年份	新设个体工商户	同比增长	实有个体工商户	同比增长
2016	1069	5.73%	5930	9.65%
2017	1289.8	20.7%	6579.4	10.95%
2018	1456.4	12.9%	7328.6	11.4%
2019	1621.8	11.4%	8261	12.7%

二、个体工商户聚集第三产业

九成新登记个体工商户、实有个体工商户集中在第三产业。2019年,第一、二、三产业新登记数分别占新登记个体工商户户数的3.25%、4.84%、91.91%。截至2019年底,第一、二、三产业实有个体工商户分别为249.24万户、532.35万户、7479.43万户,占全国实有个体工商户户数的比重分别为3.02%、6.44%、90.54%,形成了绝大多数个体工商户从事第三产业的市场主体格局。

三、个体工商户区域分布差异明显

东部仍然是个体工商户最多的地区。截至2019年底,东部、西部、中部、东北地区实有个体工商户看分别为3525.04万户、2138.16

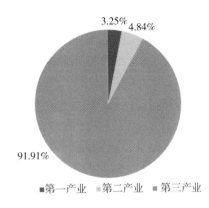
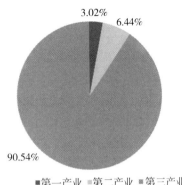

3.25%　4.84%

91.91%

■第一产业　■第二产业　■第三产业

3.02%　6.44%

90.54%

■第一产业　■第二产业　■第三产业

图 4-2　2019 年全国新设个体工商户、实有个体工商户产业结构

万户、1955.26 万户、642.56 万户,占全国实有个体工商户的比重分别为 42.67%、25.88%、23.67%、7.78%。

东部成为个体工商户增长最快的地区。2019 年东部、西部、中部、东北地区新登记个体工商户同比增长分别为 14.12%、9.32%、11.37%、2.72%,东部地区成为个体工商户增长最快的地区。

表 4-3　四大地区个体工商户情况

(单位:户)

	实有数		新登记数	
	2019 年底	2018 年底	2019 年	2018 年
东部地区	35250412	31204098	6863810	6014732
中部地区	19552609	17366626	3747532	3427962
西部地区	21381617	18811960	4453574	3998826
东北地区	6425570	5903098	1153492	1122976

四、农民专业合作社发展增速下降

2019 年新登记农民专业合作社 16.5 万户,同比下降 28.5%,下降速度较 2018 年有所加快。东部、中部、西部和东北地区新登记农民专业合作社分别为 3.42 万户、5.32 万户、6.39 万户、1.38 万户。

截至 2019 年底,全国实有农民专业合作社 220.1 万户,占全国实有市场主体的 1.78%,同比增长 1.3%,比 2018 年下降 6.38 个百分点。东部、中部、西部和东北地区实有农民专业合作社分别为 60.9 万户、67.22 万户、66.72 万户、25.27 万户。

表 4-4   2016—2019 年农民专业合作社发展情况

年份	新登记户数(万户)	同比(%)	实有户数(万户)	同比(%)
2016	29.6	19.0%	179.4	17.6%
2017	27.77	−6.2%	201.72	12.5%
2018	23.1	−16.8%	217.3	7.68%
2019	16.5	−28.5%	220.1	1.3%

第三节   创业群体

2019 年,各类创业群体人数持续增加,创业保持一定的活跃度。大学生创业者规模继续保持较大幅度增长,在校大学生创业者增幅显著,女大学生创业者占比延续增长趋势,往届毕业生创业率高于应届毕业生,财经商贸、土木建筑、装备制造、电子信息专业的专科生、工学、管理学、艺术学的本科生创业者较多,九成大学生创业者集中于第三产业;留学人员回国创业趋势明显;农民工等人员返乡创业活动已形成趋势。

一、青年创业者和大学生创业者规模均持续扩大

2019 年,新登记注册 16—30 岁青年创业者 446.7 万人,同比增长 4%。其中,大学生(高校在校生及毕业五年内高校毕业生)创业者 74.1 万人,同比增长 9%。大学生创业者结构出现积极变化,专科生、在校生、女性大学生创业者人数增长较快。九成以上大学生创业者从事第三产业,批发和零售业、租赁和商务服务业、住宿餐饮业、科

学研究和技术服务业的大学生创业者较多。

二、留学人员回国创业趋势明显

为贯彻落实党中央、国务院部署,人社部等部门通过完善政策、加强服务、实施人才工程等措施,不断优化留学回国人员创新创业环境,吸引更多优秀留学人才投身创新创业,更好服务经济社会发展大局。2019年,我国留学回国人员为35.35万人。1978年到2019年底,我国各类留学回国人员总数达621.06万人。

2019年,人社部实施中国留学人员回国创业启动支持计划,资助了94名留学回国创业人员。积极支持各地开展广州海交会、大连海创周、南京留交会等留学人才项目交流活动,搭建留学人才回国创新创业的桥梁。各地留学人员创业园聚焦地方产业优势,发挥留学人员创新创业特长,成为人才密集、以科技创新带动地方产业发展升级的重要平台,一大批留学人员高新科技企业在园区内实现产业化,成功迈向国内乃至国际产业前沿和市场高端。

专栏4-1 "侨梦苑"吸引华侨华人回国创新创业

"侨梦苑"是为了发挥侨务资源优势,服务国家创新驱动发展和"大众创业、万众创新"重大战略,引导广大华侨华人参与祖(籍)国建设、共享发展机遇,国务院侨办会同相关地方政府共同建设的示范性"侨商产业聚集区和华侨华人创新创业基地"。"侨梦苑"抓住华侨华人创新资源优势,推进创新驱动发展,积极打造技术创新、集成创新、科研成果转化的平台和载体。

自2014年全国首个"侨梦苑"在天津武清揭牌,现已在全国设立了17家"侨梦苑",分别位于北京石景山、天津武清、河北秦皇岛、吉林长春、上海杨浦、江苏南京、浙江宁波、安徽合肥、福建福州、江西南昌、山东济南、湖北武汉、湖南长沙、广东汕头、四川成都,基本形成对京津冀地区、长江经济带、珠三角地区等国家重要经济区域的辐射布局。截至2019年,全国"侨梦苑"共有涉侨企业约1.5万家,累计投资总额近3000亿元,为华侨华人归国来华创新创业发挥引领示范作用。"侨梦苑"重点推进人工智能、信息技术、生物健康、新能源、新装备、新制造等战略性新兴产业,与各地传统优势产业有机融合,高端产业、新兴产业集聚效应初步显现。"侨梦苑"筑巢引凤,人才聚集效应不断显现。目前约有1万名华侨华人高层次人才分布在全国各"侨梦苑"创新创业,其中院士近100名,国家级高层次人才600余人。各地通过"侨梦苑"积极与海外华侨华人专业社团、协会以及广大华侨华人专业人士和商界人士加强联系合作,签订战略合作协议,为引进高端人才和优质项目搭建了快速通道。

三、农民工等人员返乡创业活动已形成趋势

2015 年以来,国务院常务会议三次专题研究支持农民工返乡创业工作,两次出台专门文件具体推进,并配套实施了"鼓励农民工等人员返乡创业三年行动计划",营造了有利的政策环境,收到较好效果。据统计,2019 年全国在乡内就业的本地农民工达到 11652 万人,比上年增长 0.7%;全国返乡下乡创业人员达到 850 万人,其中返乡创业农民工占 69.4%。

2019 年人社部、财政部、农业农村部联合印发《关于进一步推动返乡入乡创业工作的意见》,明确指出要贯彻落实党中央、国务院的决策部署,进一步推动返乡入乡创业。一是加大政策支持。包括落实创业支持政策和创业担保贷款政策。二是提升创业培训。在提升培训质量方面,积极探索创业培训+技能培训,创业培训与区域产业相结合的培训模式,根据返乡入乡创业人员特点,开发一批特色专业和示范性培训课程。三是优化创业服务。支持运用就业创业服务补助,向社会购买基本就业创业服务成果,引导各类市场化服务机构为返乡入乡创业提供服务,加强绩效管理。四是加强人才支撑。建立本地外出人员联络机制,引进一批返乡入乡人才,发掘一批"田秀才""土专家""乡创客"和能工巧匠,以乡情亲情吸引企业家、专家学者、技术技能人才等回乡创新创业。

第四节　创新创业培育就业新动能

在实现更充分高质量就业方面,创新创业发挥了重要作用。创新创业持续优化我国就业结构,2019 年我国就业形势总体稳定,目标任务全面完成,城乡就业结构不断优化,服务业吸纳就业能力持续

增强,民营经济稳就业的作用日益突出。创业带动就业作用突出,2019年创业带动就业政策体系日益完善,创业公司招聘人数大幅增加。转变劳动者就业观念,创新创业产生新就业岗位,劳动者对新兴职业的接受度越来越高,灵活就业岗位快速增加,灵活就业群体更加广泛,重点群体创业意愿不断增强。创业就业联动模式日趋成熟,区域类示范基地铸环境、重激励、聚焦重点群体,企业类示范基地建平台、强孵化、服务中小微企业,高校类示范基地改革教育、完善网络、辐射带动。

一、持续优化就业结构

我国就业形势总体稳定,目标任务全面完成。2019 年全年城镇新增就业 1352 万人,连续 7 年超过 1300 万人,明显高于 1100 万人以上的预期目标。2019 年底城镇登记失业率为 3.62%,比上年下降 0.18 个百分点,符合 4.5%以内的预期目标。高校毕业生、农民工等重点群体就业基本稳定,就业扶贫工作取得积极进展,2019 年全年城镇失业人员再就业 546 万人,就业困难人员实现就业 179 万人。截至 2019 年末,累计帮扶建档立卡贫困劳动力就业 1213 万人,较 2018 年末增加 225 万人。2019 年各月全国城镇调查失业率保持在 5.0%—5.3%之间,实现了低于 5.5%左右的预期目标,其中 25—59 岁主要劳动年龄群体失业率各月均在 5.0%以下。

城乡就业结构不断优化,服务业吸纳就业能力持续增强,民营经济稳就业作用日益突出。农村劳动力持续转移进城就业,城镇就业人数占比持续提高,2019 年末全国就业人数 7.7 亿人,其中乡村就业人数 3.3 亿人,比上年减少 943 万人,城镇就业人数为 4.4 亿人,比上年增加 828 万人,城镇就业人数占城乡就业总量的比重达到 57.1%,比上年提高 1.1 个百分点。创新创业为产业转型升级注入强劲动力,我国产业结构持续优化,服务业快速发展,新产业、新模式创造了许多新的就业机会和新的就业形态,产业升级促进了就业结构优化,2019年第一、二、三产就业人数分别为1.94亿人、2.13亿人和3.67亿人,分产业就业比重分别为25.1%、27.5%和47.4%(见图4-3),第三产业已经成为带动经济增长、吸纳就业人员的主要力量。非公有制经济的就业吸引力不断提高,2019年城镇就业人数中,私营企业就业人数占比达到32.9%,比上年增长0.8个百分点,国有单位就业人数占比为12.4%,比上年下降0.8个百分点。

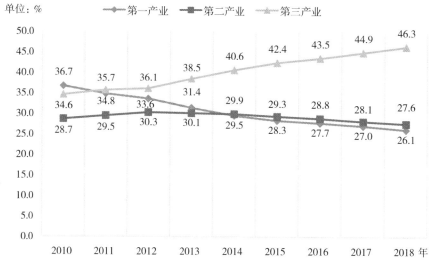

图4-3 按三次产业分就业人员占比

资料来源:《中国统计年鉴》(2019)。

二、促进创业带动就业

创业带动就业政策体系日益完善。2019年,简政放权、放管结合、优化服务改革等重点工作不断深化,我国的营商环境进一步优化,提高了劳动者创业创新的积极性。创业担保贷款政策实施力度加大,信用乡村、信用园区、创业孵化示范载体推荐免担保等机制逐步建立,创业带动就业获得了更有力的金融支持。双创示范基地、专业化众创空间等孵化载体在就业服务方面的作用日益突出,双创平台促进创业带动就业。返乡入乡创业创新的政策支持体系不断完善,农民工返乡创业园、农村创新创业和返乡创业孵化实训基地快速发展,电子商务进农村覆盖面不断扩大,县级农村电商服务中心、物流配送中心和乡镇运输服务站等配套服务设施不断增加,年度新增建设用地计划指标优先保障县以下返乡创业用地。据农业农村部监测,2019 年全国返乡入乡创业人员已达 850 万人,在乡创业人员达 3100 万人。各地各高校加强大学科技园、创业孵化基地等创新创业平台建设,为大学生创新创业提供场地支持,研究基地、实验室、仪器设备等教学资源向创新创业学生有序开放。据教育部统计,我国高校毕业生创业率已超过 3%,2019 年大学生创业者达 35 万。

创业公司招聘人数大幅增加。佰职就业大数据显示,2019 年全年创业公司互联网全网招聘人数达到 263.64 万人,同比增速高达 85%(见表 4-5)。主要行业创业公司的招聘人数大幅增长,互联网、电子商务行业创业公司招聘人数 2018 年的 29.99 万人增加到 2019 年的 60.69 万人,同比增长 102.4%,教育、培训、院校行业由 7.59 万人增加到 21.94 万人,同比增长 189.1%,房地产、建筑、建材、工程行业由 8.14 万人增加到 16.91 万人,同比增长 107.7%,咨询、财会、法律、人力资源行业由 6.04 万人增加到 14.24 万人,同比增长 135.8%,软件行业由 8.55 万人增加到 11.25 万人,同比增长 31.6%,医疗、护理、美容、保健、卫生行业由 3.67 万人增加到 11 万人,同比增长 199.7%,媒体、出版、影视、文化行业由 4.66 万人增加到 10.13 万人,同比增长 117.4%,食品、饮料、烟酒、日化行业由 3.57 万人增加到 9.94 万人,同比增长 178.4%。

表 4-5　2019 年全国创业企业分行业的招聘需求

（单位：万人）

IT、通信、电子、互联网	互联网、电子商务	60.69
	软件	11.25
	IT 服务	3.79
	电子、半导体、电路	4.57
	硬件	1.22
	通信、电信、网络	1.39
	电信运营	1.68
	游戏	2.80
金融业	基金、证券、期货、投资	6.14
	保险	0.17
	银行	0.57
	信托、担保、拍卖、典当	0.19
房地产、建筑业	房地产、建筑、建材、工程	16.91
	家居、室内、装潢	2.58
	物业管理、商业中心	1.01
商业服务	咨询、财会、法律、人力资源	14.24
	广告、会展、公关	3.13
	中介	5.33
	检验、检测、认证	0.30
	外包	0.80
贸易、批发、零售、租赁业	食品、饮料、烟酒、日化	9.94
	服饰、纺织、皮革、家具、家电	4.38
	贸易、进出口	5.27
	零售、批发	6.97
	租赁	0.49
文体教育、工艺美术	教育、培训、院校	21.94
	礼品、玩具、工艺、美术、收藏品、奢侈品	0.85

	汽车、摩托车	2.96
生产、加工、制造	设备、机电、重工业	2.46
	加工、制造、原料加工、模具	0.70
	仪器、仪表、自动化	2.14
	印刷、包装、造纸	0.47
	办公用品	0.91
	医药、生物工程	2.73
	医疗设备、器械	3.34
	航空、航天	0.15
交通、运输、物流、仓储	交通、运输	2.30
	物流、仓储	2.30
服务业	医疗、护理、美容、保健、卫生	11.00
	酒店、餐饮	3.15
	旅游、度假	0.94
文化、传媒、娱乐、体育	媒体、出版、影视、文化	10.13
	娱乐、体育、休闲	1.81
能源、矿产、环保	能源、矿产、采掘、冶炼	1.13
	石油、石化、化工	0.37
	电气、电力、水利	0.24
	环保	3.58
政府、非盈利机构	政府、公共事业、非盈利	0.34
	学术、科研	1.28
农、林、牧、渔、其他	农、林、牧、渔	0.59
总计		243.64

数据来源:佰职就业大数据。

三、转变劳动者就业观念

创新创业产生新就业岗位,劳动者对新兴职业的接受度越来越高。2019 年培育消费新增长点是经济转型发展的关键点之一,快速发展的消费新业态新模式,促进了线上线下消费融合发展。人社部统计显示,移动互联网、大数据、云计算、人工智能、物联网等信息技术的发展推动了生活服务业与数字化的融合,促进了生活服务业的数字化升级改造,催生了一批新兴的职业形态,人工智能工程技术人员、物联网工程技术人员、大数据工程技术人员、云计算工程技术人员、数字化管理师等 13 个新职业,都和创新创业密切相关,"80 后"和"90 后"成为新职业从业者的主力军,占比超过 90%,心理咨询师、整形医生、线上餐厅装修师、电竞顾问等小众职业越来越受到年轻人青睐。

灵活就业岗位快速增加,灵活就业群体更加广泛。随着双创工作的深入推进,劳动力市场产生了众多灵活就业岗位,互联网经济快速发展,淘宝、滴滴、达达等平台提供了大量灵活就业岗位,企业更加愿意通过灵活用工节约人力资源成本,新成长劳动力更加偏好薪酬高、工作时间自由、不用硬性加班的工作。当前灵活就业人员更加广泛,既包括自营劳动者、家庭帮工、自由职业者、兼职人员、临时工等传统群体,还包括共享经济、平台经济等互联网平台的非标准就业人员,固定场所、固定单位、固定时段对灵活就业人员的限制越来越小。

重点群体创业意愿不断增强。鼓励和支持科研人员离岗创业的政策更加细化,科研人员积极投身科技创业。创新创业教育和培训的效果显现,在校大学生、高校毕业生的创业能力稳步提升。2019年人社部举办第一届全国技工院校学生创业创新大赛,全国共计 300 余所技工院校的 1000 多个项目参与,推动了技工院校创新创业工作。人社部印发《实施新生代农民工职业技能提升计划(2019—2022 年)》,明确将有意愿开展创业活动和处于创业初期的农民工全部纳入创业培训服务范围,2019 年全国共开展政府补贴性农民工创业培训 52.8 万人次。农村双创园区(基地)和公共服务平台的服务不断优化,政策优惠力度不断加大,农民工和退役军人对自主创业的认可度提升。

四、创业就业联动模式日趋成熟

随着稳就业的重要性不断提高,各类双创示范基地均采取了若干措施推动创业带动就业。区域示范基地以政策为抓手、企业类示范基地立足大企业特色、高校类示范基地发挥人才优势,形成了一批成功经验。

(一)区域类示范基地:铸环境、重激励、聚焦重点群体

优化创业带动就业生态环境。浙江杭州未来科技城全力推进"政策环境、文化环境、服务环境"三位一体的创业生态建设,创新构建出一系列"政府主导、市场主动""政策驱动、民企运营""旧房改造、腾笼换鸟""不唯空间、服务为重"等发展模式,形成打造创新创业载体、优化创新创业空间、完善创新创业社区的有效发展途径,为富集创新创业资源创造了有利条件,也为拉动就业打下了坚实的基础。陕西省西咸新区整合"互联网+云技术+大数据"新技术综合优势,打造"云端自贸区",探索建立了"一网通管理、一站式服务"的创新管理服务,创新构建"云端+自贸+产业+园区"一体的综合服务模式,搭建融资、市场信息、项目合作等服务平台,减少了市场主体创业成本,目前形成了新能源、智能制造、大健康、跨境电商、文化旅游、应急安全六大创新产业集群,创业就业空间得到有效拓展。

完善创业带动就业激励政策。为落实《国务院关于做好当前和今后一个时期促进就业工作的若干意见》(国发〔2018〕39 号)精神,各区域类双创示范基地所在省、市、县政府均实施了相应措施鼓励创业带动就业,提升了创业带动就业效果。其中上海市徐汇区在《徐

汇区促进就业政策实施意见》（徐促就办〔2019〕1 号）中针对创业及稳定就业均制订了多项补贴政策。其中针对税务注册在徐汇区，招用徐汇区户籍普通高等学校毕业生的民营企业给予了专项补贴，标准为上海市上年度职工月平均工资 60% 作为基数计算的养老、医疗和失业保险缴费额中用人单位承担部分的 50%。2019 年深圳南山区持续实施创业带动就业激励政策，针对小微型企业、个体工商户、民办非企业单位吸纳就业并按规定缴纳社会保险费的，按其吸纳就业人数给予创业带动就业补贴。标准为招用 3 人（含 3 人）以下的按每人 2000 元给予补贴；招用 3 人以上的每增加 1 人给予 3000 元补贴，总额最高不超过 3 万元。

协助重点群体以创业带就业。河南省鹿邑县积极推进"引凤还巢"工程，点燃了农民工等人员返乡创业激情，促进了县域经济高质量发展，实现了由"输出一人、致富一家"向"返乡一人、带富一方"的转变。多策并举鼓励支持农民工返乡创业，探索出了"输出打工者，引回创业者，带动就业者"的具有鹿邑特色的创业带动就业模式。陕西省杨凌区立足农业特色，着力提升创新创业主体专业化，培养了大批职业农民。职业农民以土地、资金、劳动、技术、产品为纽带，形成生产、供销、信用三位一体的综合合作模式，依法组建农民合作社、联合社，涌现出了一批发展基础好、经营效益好、带动能力强、同农户利益联结紧密的新型农业经营主体，直接带动上千人就业。

（二）企业类示范基地：建平台、强孵化、服务中小微企业

发挥平台优势创造创业就业岗位。阿里巴巴以自身线上零售平台为基础，利用互联网、大数据、云计算等创新技术，构建"渠道+技术+营销+物流"的体系化新零售模式，帮助传统零售商实现转型升级。2019 年阿里巴巴持续推动农村淘宝培育工程，淘宝新增开通直播的商家数量同比增长近 3 倍，依托淘宝直播平台成长起来的一线

电商主播孵化公司已逾 600 家,淘宝直播带动的就业人数接近 400 万。针对县域人群,腾讯推出了"百城互联"计划,特点是以区域民生需求为根本出发点,积极顺应县域数字经济发展趋势,通过面向全省县域招募合伙人的方式,实现区域合作伙伴与本地民众、企业的联动,实现了企业创业与民众就业的双赢。

强化孵化助推创业带动就业。海尔集团为创客搭建了一个专业的共享、共创、共赢平台,涵盖了创业、设计、制造、销售全流程和全要素的创业服务,为每一位创客提供公平、公开创业发展机会。海尔双创平台提供了企业内部孵化、脱离母体孵化、草根创业孵化、科研转化孵化模式、生态投资创业模式,这五种孵化模式均起到了很好的效果,帮助创客成功创业的同时创造了大批就业岗位。中国航天科技集团下属的北京空间机电研究所立足其在航天遥感载荷领域核心技术优势,将所属全资航天创智科技有限公司建设成以产业化发展为目的的技术转移和成果转化平台公司,探索建立了"内部创业"机制,不仅有效点燃了科研人员参与创新创业的热情,同时还开拓了新的市场空间与就业岗位。

服务中小微企业提升劳动力市场承载力。招商局集团充分发挥自身产融兼具、产融结合的优势,积极为中小企业嫁接资本,形成了包括天使投资、风险投资、私募股权投资、上市融资和银行等涵盖创新全链条和全生命周期的综合金融服务,并推出了一系列特色化双创金融产品,推动形成了资金链引导创新创业链、创新创业链支持产业链、产业链带动就业链的双创循环发展模式。猪八戒网旗下的八戒财税一直致力于服务全国中小微企业,以创业带动市场求职活力。2019 年通过技术研发及与政府部门深度合作,实现了会计平台化,财务人员可以在线上批量操作申报财务报表、增值税、所得税等代理事项,2019 年通过为企业提供代账服务,为超过 5000 名会计创造了就业机会。

（三）高校科研院所类示范基地：改革教育、完善网络、辐射带动

推动创新创业教育课程改革。北京大学探索出"iCAN 赛课合一"大学生创新创业教育新模式，提倡以实践为主导的创新教育思想，让学生在实践中体验创新过程，并通过课堂完成创新原型，通过比赛检验课程创新成果的"赛课合一"创新实践教育模式。结合多元化的活动形式，建设了有利于促进创新创业在各级教学育人环节的推进和培养的全链条，学生双创能力得到显著提升。南京工业职业技术学院将双创能力培养融入人才培养全过程，面向新生开展创新基础教育，增加创新个性化课程，面向全体学生培养创新思维与方法。建设专业化、个性化、国际化的双创课程体系，定期邀请双创教育专家、双创领域领军人物、知名创业企业家进行授课，引入优质国际双创课程，极大提升了学生的实践能力，为创业就业积累了宝贵经验。

完善创业就业服务网络。为支持学生科技创新和自主创业，中南大学构建了全方位的创业综合服务体系，推进学校教学科研资源、人才资源与社会经济发展需求无缝对接，将人才培养与公共服务、创业指导和项目孵化等紧密衔接。为鼓励本科生创业，中南大学还将休学创业学生的学习年限在学校规定的基础上延长了三年，探索建立了创业休学全程跟踪制、导师制和联系人制。南京工业职业技术学院的每个学院均设有专职辅导员，为学生提供就业创业咨询，每个学校中层领导均下沉到班级监督指导员工作。中科院深入落实《中国科学院科技人员离岗创业管理暂行办法》，积极鼓励符合条件的事业编制人员离岗创业，离岗期间社保、住房、医疗待遇依然保留，并且在 3—5 年的规定时间之内可以随时返回原单位，这些措施为科技人员投身"大众创业、万众创新"给予了制度保障。

发挥创新创业要素辐射带动效应。清华大学启迪之星依托清华

科技园整合多方资源,和各领域龙头企业深度合作,探索建立了包括"梦想课堂""梦想实验室""启迪之星培育计划""启迪之星创业营""钻石计划""上市公司""全球孵化网络"的七步孵化模式,目前启迪之星已建成庞大的孵化网络,拥有孵化基地140多个,覆盖全球70多座城市。中科院的9个示范基地建设了各类双创支撑平台,累计孵化企业近千家,形成了品牌效应,打通了孵化链、资本链、产业链。其中,西安光机所在推进双创工作中率先发起设立"硬科技"投资基金,创建全国性双创培训品牌"硬科技创业营",累计培训上万人次创业者,形成了国内首个"研究所+天使基金+孵化器+创业培训"的科技创业生态系统。深圳先进技术研究院专注于创客培育,率先设立"中科创客学院",服务创客上万人次培育的双创项目有很大的比例均获得投资,带动社会就业上千人。长春光机所长期聚焦精密仪器与装备领域技术创新,打造了国内首个顶尖光机电工程师培训机构,推进万名工程技能型人才培养工程,为创业企业输送工程师上千人,为东北老工业基地的新一轮振兴提供了有力的科技和人才支撑。

第五章　创新创业成效

2019 年以来,随着创新创业各项改革举措落实落地,创新创业在培育壮大发展新动能、增强社会服务新供给、加速区域经济转型发展、增强企业创新发展能力等方面不断取得新成效,有力支撑经济高质量发展和社会大局稳定。

第一节　培育壮大发展新动能

我国新型网络基础设施不断升级,新一代信息技术与实体经济加速融合,前沿技术加快形成群体性突破,云游戏、金融科技、智慧城市、虚拟现实等融合领域蓬勃发展,创新创业延续快速增长态势,新动能持续壮大为扩大内需、推动经济高质量发展贡献更大力量。

一、创新创业助推新兴产业发展

战略性新兴产业保持稳步增长。2019 年,战略性新兴产业增加值同比增长 8.4%,快于全国规模以上工业 2.7 个百分点;战略性新兴服务业企业营业收入同比增长 12.7%,快于全国规模以上服务业3.3 个百分点。从重点行业看,2019 年战略性新兴产业重点行业实现营业收入 19.27 万亿元,同比增长 5.8%;利润 1.29 万亿元,同比增长 5.3%;出口交货值达 5.98 万亿元,累计增长 10.2%。生物产业继续稳步增长,医药规模以上企业主营业务收入达到2.5万亿元,同比增长9.6%,利润总额近3000亿元,同比增长10.6%;生物领域企业总数累计达到224.5万户,增长11.5%,就业景气指数保持在制造业第一位;生物能源增长态势稳健,生物质发电量首次超1000亿千瓦时,同比增长19%;生物基材料行业进入高速上升期,总产量已超过600万吨/年,创历史新高,继续保持20%的年均增长势头。

5G网络发展再上新台阶。2019年是我国5G商用发展元年,各级政府出台相关政策加速5G网络建设及商用化进程,5G已步入规模建设阶段。2019年工信部向四家运营企业发放了5G商用牌照,10月底三大运营企业正式开启5G商业应用。截至2020年2月,我国已建成5G基站超过16万个,真正能够实际体验5G业务和应用的用户数超过1300万。预计2020年将建设55万个5G基站。同时,5G作为新一代信息通信技术演进升级的重要方向,5G网络建设具有极强的溢出效应,将带动投资增长,成为拉动经济增长的新引擎。预计从2020年到2025年,5G可直接拉动电信运营商网络投资1.2万亿元,拉动垂直行业进行5G网络和设备投资4700亿元,同时5G网络的建设还会带动产业链上下游以及各行业的应用投资。预计到2025年,5G累计带动超过3.5万亿元投资。

云计算产业创新不断涌现。2019年我国云计算整体市场规模预计超过千亿元,预计2020年至2022年公有云市场仍将处于快速增长阶段,未来几年私有云市场也将保持稳定增长。我国云计算正处在快速发展阶段,技术产业创新不断涌现。产业方面,企业上云成为趋势,云管理服务、智能云、云端开发、边缘云等市场开始兴起;技术方面,以容器、微服务、DevOps为代表的云原生技术正在加速重构IT开发和运维模式,以云计算与人工智能融合应用为理念的智能云技术体系逐渐成形,云边、云网技术体系逐渐完善;安全方面,云安全产品生态形成,智能安全成为新方向;行业方面,政务云为数字城市提供关键基础设施,金融云为传统金融企业注入活力,能源云解决了传统能源信息系统数据互通难、运维效率低等诸多问题,电信云助力运营商网络升级转型。

大数据行业应用持续深化。2019 年,我国大数据产业规模超过8000 亿元。近年来,随着大数据产业的蓬勃发展,融合应用不断深化,数字经济量质提升,大数据产业对经济社会的创新驱动、融合带动作用显著增强。大数据应用逐渐向生产、物流、供应链等核心业务延伸,电力、铁路、石化等实体经济领域龙头企业不断完善自身大数据平台建设,行业应用"脱虚向实"趋势明显,大数据与实体经济深度融合不断加深。电信业方面,三大运营商 2019 年以来都已经完成了全集团大数据平台的建设,在大数据应用方面走向了更加专业化的阶段;工业方面,设备故障预测、能耗管理、智能排产、库存管理和供应链协同一直是工业大数据应用的主攻方向;医疗健康方面,电子病历、个性化诊疗、医疗知识图谱、临床决策支持系统、药品器械研发等成为行业热点。

车联网产业生态加速形成。我国车联网产业发展环境正在不断完善,推进车联网融合创新发展,努力带动和影响形成全球广泛认同。基于 C-V2X 的车联网应用,从信息服务向提升安全效率和自动驾驶服务演进。车联网应用平台是支撑打造车联网产业新生态的基础,目前国内重点地区和企业都在逐步建设车联网应用平台。车联网不仅可以方便用户在出行过程当中体验到娱乐导航、共享出行、车联网保险等信息服务,更重要的是车联网将为用户的行驶安全、出行效率以及未来的高等自动驾驶服务提供支持。车联网借助于"人—车—路—云"交通参与要素之间的有效连接和信息交互,不仅可以促进信息通信技术在跨行业领域的应用推广,还有助于加强汽车、交通等传统产业之间的联系,形成相互间的协同发展,并逐步培育出新的产业生态。

二、创新创业拓展产业融合发展新空间

云游戏产业实现快速发展。2019 年被喻为云游戏元年,5G 助力云游戏实现了向移动端的迁移。云游戏是以云计算为基础的游戏方式,本质上为交互性的在线视频流,在云游戏的运行模式下,游戏在云端服务器上运行,并将渲染完毕后的游戏画面或指令压缩后通过网络传送给用户。相较于传统游戏产业链,云游戏产业链的参与主体更为多元化,有利于引导云游戏产业进行更多创新和升级,实现产业链内部的深度融合和协同发展。例如国内以三大运营商、华为、腾讯等企业为主力,逐步开始构建我国云游戏产业生态,提供云游戏基础设施。中国云游戏成熟度正在快速提升,目前已有包括中国移动咪咕快游、中国联通沃家云游、中国电信天翼云游戏平台、腾讯云游戏和华为云游戏等平台。随着 5G 时代来临,云游戏将更加场景化,渗透到不同领域和场景,例如互动视频、直播、广告、教育等。此外,云游戏结合 VR/AR 技术也极大丰富了游戏内容的展现形式。

金融科技加速重塑金融行业生态。随着云计算、大数据、人工智能、区块链等信息技术在金融领域的广泛应用,金融科技正在以迅猛速度重塑金融行业生态。从金融科技主要应用领域来看,移动支付、网络信贷和互联网投资等领域发展突出。2019 上半年我国移动支付交易规模达 166.1 万亿元,较 2018 上半年上升 24.2%,增长势头重回正轨。其中,中国移动支付用户规模呈逐年增长趋势,预计 2019 年我国移动支付用户将达到 7.33 亿人,2020 年有望增至 7.90 亿人。从金融科技关键技术来看,金融云主要应用于互联网金融和辅助性业务系统、运维管理系统等;金融大数据在客服、风控、反欺诈、营销等业务方面都得到了广泛的应用;金融人工智能在金融领域应用的场景范围主要集中在智能客服、智能投顾、智能风控、智能投

研、智能营销等方面;金融区块链的应用场景主要为数字票据、征信管理、跨境支付结算、供应链金融、数字货币等。

智慧城市步入协同创新发展阶段。我国新型智慧城市已经进入以人为本、成效导向、统筹集约、协同创新的新发展阶段,将带动物联网、人工智能、5G、云计算、大数据等各个产业快速发展。新型智慧城市包含十大核心要素:顶层设计、体制机制、智能基础设施、智能运行中枢、智慧生活、智慧生产、智慧治理、智慧生态、技术创新与标准体系、安全保障体系。其中,支撑产业和社会智能化升级的智能基础设施将成为未来增长点,将带动5G商用、城市物联网、数据中心等领域协同发展;智慧生活方面,智慧政务服务的全面普及深化和超级应用的崛起等将带动各类企业积极参与提供城市融合服务;城市治理方面,以城市信息模型(CIM)平台建设为基础,推动智慧建设,促进城市规划建设管理的信息化、智能化和智慧化,提升城市治理精细度;技术创新与标准体系方面,随着新一代信息技术革命浪潮的持续涌动,以数字孪生、区块链、人工智能等为代表的智能技术集群与新型智慧城市全面融合,提升新型智慧城市发展效能。

智慧医疗迎来发展契机。从"互联网+医疗"、"AI+大健康"到"5G+智慧医疗",近几年全球医疗健康产业正在不断跨界融合人工智能、物联网、大数据等高科技,使医疗服务大步走向真正意义的智能化。在"健康中国"国家战略背景下,智慧医疗应用逐步走进寻常百姓家,大健康时代已经全面来临。据预测,2019年我国智慧医疗行业投资规模将达880亿元,2020年投资规模将突破千亿元。智慧医疗是以"感、知、行"为核心的智能远程疾病预防与护理平台,随着5G正式商用的到来以及与大数据、互联网+、人工智能、区块链等前沿技术的充分整合和运用,其应用场景不断丰富,例如远程会诊、远程超声、远程手术、远程示教等远程医疗应用场景和智慧导诊、移动医护、智慧院区管理、AI辅助诊疗等院内应用场景。

三、创新创业汇聚前沿技术新力量

区块链特色应用场景加速落地。作为一种新兴技术,区块链打造了一种去中心、价值共享、利益公平分配的自治价值溯源体系,一方面助力实体产业,另一方面融合传统金融,同时向垂直领域不断延伸。区块链技术的应用场景正不断铺开,从金融、产品溯源、政务民生、电子存证到数字身份与供应链协同,场景的深入化和多元化不断加深。金融领域,区块链主要在供应链金融、跨境支付、资产管理、保险等细分领域发挥广泛作用;电子数据存证领域,区块链可以降低电子数据存证成本,提高存证效率,为司法存证、知识产权、电子合同管理等业务赋能。此外,百度、阿里巴巴、腾讯、华为等众多科技巨头也纷纷将目光投向区块链平台(BaaS),主要侧重于金融、资产交易、公有云服务等多个领域。

人工智能安全迎来发展浪潮。数据是驱动本轮人工智能浪潮全面兴起的关键要素,人工智能与数据相辅相成、互促发展。一方面,数据安全是人工智能安全发展的关键;另一方面,人工智能驱动数据安全治理加速向自动化、智能化、高效化、精准化方向演进,带动人工智能安全发展新浪潮。人工智能技术通过数据分析、知识提取、自主学习、智能决策等能力,可在网络防护、数据管理、信息审查、智能安防、金融风控、舆情监测等网络信息安全领域和社会公共安全领域有许多创新性应用。例如,人工智能自动学习和自主决策能力可有效缓解现有数据安全技术手段对专业人员分析判断的高度依赖,实现对动态变化数据安全风险的自动和智能监测防护;人工智能卓越的海量数据处理能力可有效弥补现有数据安全技术手段数据处理能力不足的缺陷,实现对大规模数据资产和数据活动的高效、精准管理和保护。

量子保密通信技术应用探索持续深入。量子信息技术已经成为信息通信技术演进和产业升级的关注焦点之一,在未来国家科技发展、新兴产业培育、国防和经济建设等领域,将产生基础共性乃至颠覆性重大影响。当前,我国量子通信技术在量子密钥分发(QKD)、量子保密通信等研究方向的应用探索不断发展。QKD 技术进入实用化阶段,我国深圳海思半导体有限公司和山东国讯量子芯科技有限公司都有 QKD 调制解调芯片化领域的相关研究布局,中科大、中国电信、中国联通等报道了共纤混传能力相关实验数据。同时,我国量子保密通信的网络建设和示范应用发展较为迅速,中科大、华南师大、清华、北大等高校纷纷启动 QKD 网络建设项目,我国的 QKD 网络建设和示范应用项目的数量和规模已处于世界领先。

虚拟现实技术领域稳步推进。虚拟现实(VR)带来了全新的沉浸式体验,是新一代信息通信技术的关键领域。虚拟现实已被列入我国"十三五"信息化规划、中国制造 2025、"互联网+"等多项国家重大文件中,相关部门纷纷出台相关政策积极推动虚拟现实产业发展。我国虚拟现实产业主要分为内容应用、终端器件、网络通信/平台和内容生产系统。由于本地 VR 难以大规模发展,云化虚拟现实(Cloud VR)有效地解决了制约 VR 发展的痛点,是当前产业选择的规模化发展的主要方向,通过云化虚拟 VR 产业将形成有规范、有标准的产业链,开拓一个集约运营、规模发展的 Cloud VR 时代。云化虚拟现实主要特点为:VR 头显无绳化、VR 的计算机图形实时渲染云化、内容云化。Cloud VR 业务场景丰富,例如 VR 巨幕影院、VR 直播、VR 游戏、VR 音乐、VR 社交、VR 教育等多个重要领域。

第二节　增强社会服务新供给

创新创业与经济社会发展深度融合,促进传统产业制度创新和生产经营管理方式深刻变革,推动实体经济新旧动能转换和结构转型升级,释放居民信息消费潜力,有效增强社会服务新供给。

一、创新创业助力传统服务业转型升级

新技术赋能传统服务业转型。5G、高清视频、AR/VR、大数据、云计算等新技术在服务业大量应用落地,支撑医疗、教育、游戏、物流等服务业加快转型。例如,医疗领域,依图医疗推出脑卒中急诊及康复智能管理系统,将5G通信应用在120云平台,实现云智能问诊、院前CT检查、远程读取CT影像、智能规划救护车交通路径、远程会诊等功能。教育领域,百度推出VR教室、VR教学实验室、VR仿真实训等VR教育方案,实现沉浸式虚拟环境教学,并在全国多个小学、高校和企业落地应用。游戏领域,腾讯推出云游戏解决方案,游戏厂商无需定制SDK,即可实现PC、手机、平板等多端接入,节省开发时间和成本,并通过智能动态编码技术实现在低码率、有抖动的情况下提供高清画面。物流领域,顺丰自主研发"顺丰大数据平台",实现物流各环节信息的全面数字化管理,并通过件量预测、分仓管理、路线规划等智慧物流决策,全面提升运营效率。

融合创新加速传统服务业升级。线下服务业营销线上化,短视频、社交媒体等数字内容平台逐渐成为人们的日常种草指南和体验分享渠道,改变了传统客户的触达方式和运行模式。2019年"双十一"期间,手机淘宝App内观看直播的用户规模超4000万,同比增长130.5%,淘宝直播引导成交额近200亿元。"云柜姐"等新职业兴起,北京华润五彩城、双安商场等实体商户转战线上,传统一对一服务的线下导购转为"云柜姐"直播卖货,实现人、货、场的重新整合,大幅提升时尚零售服务效率。共享经济新业态向纵深发展,如阿里推出"蓝海"就业共享平台,餐饮商户可通过平台统一为员工报名临时加入蜂鸟骑手,通过短期用工形式出让员工。影视发行新模式

诞生,部分电影直接与视频流媒体平台合作,产生线上首映、点映的新模式,如字节跳动以6.3亿元购买撤档贺岁片《囧妈》版权,在西瓜视频、抖音、今日头条等新媒体平台免费播放。

二、创新创业推动实体经济数字化转型

工业互联网平台持续变革颠覆传统产业形态。一是变革了传统工业企业竞争方式。企业竞争不再是单靠技术产品就能取胜,已经开始成为依托平台的数字化生态系统之间的竞争。例如,海尔COS-MOPlat平台将顾客需求、产品订单、合作生产、原料供应、产品设计、生产组装和智能分析等环节互联起来,从而形成基于生产系统的整体性竞争优势。二是重新定义了工业生产关系与组织方式。平台打破了产业、企业之间的边界,促进制造能力、技术、资金、人才的共享流动,实现生产方式和管理方式的解构与重构。例如航天云网INDICS平台支持工业设备、产品和服务接入,整合了2000余款工业App、147万家企业,涵盖了智能研发、精益制造、智能服务、智慧企业、生态应用等全产业链、产品全生命周期的工业应用能力,实现制造技术与生产能力的共享协同。

数字化技术推动实体经济全流程资源优化配置。一是数字化技术驱动生产与运营创新。借助先进的数字化技术和强大的工业数据分析能力,支撑企业实现先进制造、产品、生产与运营管理优化、供应链协同和智能化决策。海尔、红领、奥迪等家电、服装及汽车领域企业利用平台对客户的个性化需求实现更深洞察,用大数据分析来进行市场预测以指导销售,并通过基于平台的众包、众创来加速产品创新。富士康利用BEACON平台通过接入智能装备和控制系统工业进行实时数据分析、处理与可视化,最终达到提质、增效、降本、减存的目的。二是平台驱动组织管理体系重塑,推动企业内顶层决策到底层生产的端到端集成,促进资源配置优化,实现扁平化管理及社会

化协同。航天科工、华能、大唐电力等一些大型集团企业一方面利用平台实时监控分布在各地工厂的运行状态,及时进行调度管理,另一方面也通过平台汇聚产业链上下游信息,推动企业间供需对接和制造协同。

三、创新创业助力拓展居民信息消费

创新生态日益成熟,线上线下融合成为主流消费方式。文化旅游、教育培训、交通出行、商贸零售、医疗养老等各个领域形成了线上线下相结合的消费闭环,不断满足大众个性化需求。以智能零售为例,从最初的萌芽摸索阶段步入到快速发展阶段,阿里巴巴、京东、苏宁等电商企业依托大数据、人工智能、物联网等新技术,推动传统零售业在经营理念、经营模式和支付场景等方面发生系列变革,形成由传统人工运营转向全链路数字化运营,极大丰富了消费场景,改善了消费体验,有效推动了消费提质升级和社会价值提升。2019年"双十一"期间(11月1—11日),各大电商平台线上线下联动的全渠道购物模式带动成交数据再创新高,带动全国网络零售交易额超过8750亿元。2019年全国网上零售额10.6万亿元,比上年增长16.5%,其中:实物商品网上零售额8.5万亿元,增长19.5%,占社会消费品零售总额的比重为20.7%,比上年提高2.3个百分点。

共享模式普及应用,民生、娱乐等领域付费加速兴起。2019年以来,共享经济深度调整,共享消费理念在知识技能、物流运输、生产制造等领域加速渗透,平台业务与金融服务深度融合,智能化技术应用进程加速,共享经济新业态新模式成为服务业转型发展的重要推动力。2019年共享经济市场交易额为3.3万亿元,比上年增长11.6%,共享经济参与者人数约8亿人,其中提供服务者人数约7800万人,同比增长4%。目前,越来越多的用户愿意为优质创意和个性化的视频、音乐、游戏、教育等资源付费,付费用户日益壮大。以数字

内容领域为例,2019 年中国知识付费市场规模达到 278 亿元,同比增长 87.5%,付费听书、为喜爱的内容付费订阅课程正在成为人们习以为常的生活方式。

第三节　加速区域经济转型发展

各地贯彻落实党中央、国务院关于创新创业的重大任务部署,因地制宜出台相关政策文件和行动计划,不断完善区域创新创业生态体系,区域创新创业发展取得新成效,成为推动区域经济加速转型的重要力量。

一、创新创业提升区域发展动能

创新创业成为科创中心建设的重要抓手。科技创新中心是我国建设创新型国家和世界科技强国的"排头兵"。为加快推进北京、上海科技创新中心和粤港澳大湾区国际科技创新中心建设,有关部门聚力营造创新创业良好氛围,形成了创新带动创业、创业促进创新的良性循环。比如,作为大众创业万众创新的重要载体,上海众创空间已经发展超过 500 家,90%以上由社会力量兴办,现有的众创空间孵化机构中六成以上是在 2013 年以后发展起来的,并逐年呈现出加速发展的趋势。北京科技创新服务体系为创新创业提供集约化、专业化的环境和技术创新服务平台,孵化器、创业投资基金管理机构是重要的创新要素,创新创业服务体系的不断完善为创新创业生态系统的进一步优化提供了平台支撑,促进了各类要素的融合发展。

京津冀、长三角、粤港澳大湾区创新创业环境持续优化。京津冀、长三角、粤港澳大湾区等区域深入实施创新创业痛点堵点疏解行动,不断优化创新创业生态环境,市场主体活力不断增强。同时,双创周活动以及各种双创大赛的举办使得区域创新创业氛围日益优化。比如,北京成功举办 2019 年全国创新创业季活动、2019 年中关村论坛、2019 年中关村知识产权论坛,牵头组建"京津冀双创示范基地联盟",着力塑造全球知名创新创业品牌,聚力打造全球双创活动标志区,努力营造浓厚的大众创业万众创新文化氛围。2019 年 6 月 13 日至 19 日,杭州举办第五届全国大众创业万众创新活动周,并以"汇聚双创活力,澎湃发展动力"为主题,以服务创新创业者为主线,以科技型初创企业为重点,展示人工智能、生物健康、智能制造等产业领域创新产品。上海先后举办 2019 浦江创新论坛、2019"创业在上海"国际创新创业大赛、2019 中国创新挑战赛(上海)暨长三角国际创新挑战赛,创新活力进一步释放,双创人员更趋高端。深圳福田区始终以深化"放管服"改革为核心抓手,在政务服务上积极做减法,"智慧福田"系统支持线上预约窗口受理,网上预约率达到 100%,一次性办结率达到 90% 以上,全面提升了政府办事效率。

中西部地区创新创业公共服务能力大幅提升。中西部利用后发优势,整合政府、企业、社会等多方资源,建设众创、众包、众扶、众筹支撑平台,健全创新创业服务体系,推动政策、技术、资本等各类要素向创新创业集聚,同时发挥社会资本作用,以市场化机制促进多元化供给与多样化需求更好对接,实现了资源优化配置。重庆两江新区通过深入推进"放管服"改革,推行企业名称自主申报,着力推动"证照分离"改革,涉及改革试点事项共 24 项;两江新区还大力推动创新创业便利化,推行集群注册制度,不断释放创新创业的活力。湖南湘江基金小镇作为湖南省首家基金小镇,已经聚集了光大控股母基金、龙珠资本、景林投资等国内优质基金机构 270 家,入驻基金管理规模达 2038 亿元。同时,湘江基金小镇承办了"智汇湘江、科创新区"每年 12 场路演活动,把科创服务做到了常态化、具体化,促进了金融资源向创新领域聚集,提升了湖南创新创业公共服务能力。

二、创新创业引领区域产业转型

东部地区新兴产业与传统产业实现协同发展。随着"互联网+"制造强国建设、新一代人工智能等重大举措落地,新技术、新业态、新模式不断改造传统产业,持续增强核心竞争力,实现了新兴产业与传统产业协同发展的良好局面。2019 年以来,天津滨海新区不断延伸本市人工智能"七链",从创新成果、产业转化、政策创新等领域入手,以中科曙光、天地伟业等为代表的新区科技型企业,聚焦智能科技领域,不断推出创新技术和产品,不仅企业屡获大单,得到快速发展,而且赋能新区传统产业,带动传统产业发展,为天津建设国家新一代人工智能创新发展试验区添柴加薪。上海杨浦举办"协同·共创"创新挑战赛,采用研发众包模式搭建开放式供需对接平台,推动企业开放式创新和产学研合作,带动专业化科技服务业发展,促进区域创新能力提升和产业转型升级。

区域性产业园区新技术新产品不断涌现。国家级产业园区积极推动双创政策落实,为中小企业和创新创业型企业提供精准支持,催生的新技术新产品不断涌现,成效逐步显现。中关村海淀园企业立足国家重大活动和项目应用,加快产品推广和品牌影响力提升。如利亚德持续推动研发创新和应用场景落地,其 LED 显示屏技术助力 70 周年国庆大典活动,为观众打造视觉盛宴;科兴生物为数万名国庆大典受阅人员和保障人员提供甲肝灭活疫苗和流感疫苗。百度发布全球首款基于 OCP OAI 标准(开放加速器基础设施)和液冷的 AI 计算平台,推动 AI 新硬件技术全球范围内的创新与进步;旷视自行研发的人工智能算法平台 Brain++获"世界互联网领先科技成果"奖。芯片领域,地平线推出第二代边缘 AI 芯片旭日二代,算力利用率超过 90%,可对多类目标实施检测和精准识别。

三、创新创业激发区域发展活力

区域小微企业融资渠道不断拓宽。企业是创新主体,全国大部分地区不断完善金融财税政策,创新金融产品,扩大信贷支持,发展创业投资,优化投入方式,推动破解创新创业企业融资难题。比如,上海杨浦聚焦科技金融扶持,形成全生命周期投融资服务链,探索政府、银行、企业风险共担的双创融资风险补偿机制,与中国银行、浦发硅谷银行、江苏银行等多家银行合作,率先试点"贷投联动—双创贷""科创保"等融资产品,首创"双创企业全生命周期投融资服务链"模式,根据科技创新创业企业不同发展阶段的融资需求,制定"星火燎原""梦想起航"等五大计划实施细则,运用财政直接投入、信用增进、风险补偿、信息共享等政策手段,引导和撬动银行、保险、证券等各类社会资本的参与,推动解决"融资难、融资贵"问题。重庆探索实施研发准备金制度,鼓励企业与国内外大学、科研院所合作,对新建研发机构及新认定为国家级、市级重点实验室、工程技术研究中心、产业技术创新研究院、工程实验室、协同创新中心等创新平台给予经费支持。

中西部地区科技成果向现实生产力加速转化。中西部地区不断引导众创空间向专业化、精细化方向升级,支持龙头骨干企业、高校、科研院所围绕优势细分领域建设平台型众创空间。比如,重庆两江新区通过直接给予经费补贴方式,鼓励建立市场化运营的科技成果转化、知识产权交易、科技成果评价等第三方专业服务机构,扶持建立成果转移转化服务机构。在大众创业万众创新的新时代,中小企业是国家技术创新的一支重要力量,覆盖行业范围广泛,对市场需求反应灵敏、创新的愿望强烈,也应该是创新最活跃的力量,是产品创新的最好土壤,而对于中小微企业而言,知识产权是创新创造的保护伞,一头连着创新,一头连着市场,是科技成果向现实生产力转化的重要桥梁和纽带。

创新型人才跨境流动更加畅通。国内创新创业的氛围充分激发了人才创新创业活力,同时还增强了对国际高层次人才的吸引力,促进了人才的回流趋势,为加快形成规模宏大、结构合理、素质优良的创新创业人才队伍提供了支撑。比如,2019 年以来,北京中关村海淀园通过双创政策,吸引留学归国人员已达 1.71 万人,同比增长 11.5%,占中关村整体比重超五成。深圳福田区通过建设国际人才公寓,实施一揽子创新政策,打破了深港两地区域壁垒,有效解决了港资企业人才住房问题,帮助了企业吸引和留住人才。

第四节　提升企业创新发展能力

创新发展能力是企业获得持续竞争力的重要保障。随着创新创业的纵深推进,我国企业创新能力不断增强,创新发展水平不断提升。企业研发规模不断扩大,掌握核心技术的能力不断提高,创新型企业持续涌现,营商环境持续优化。

一、企业研发规模扩大夯实创新实力

企业研发经费支出规模稳定增长。2018 年,我国企业 R&D 经费支出 15233.7 亿元,占全社会 R&D 经费支出的比重达到 77.4%以上,比上年增长 11.5%,企业作为技术创新主体的地位进一步加强。分产业部门看,规模以上高技术制造业企业 R&D 经费支出 3559.1 亿元,比 2013 年增长 75.0%,R&D 经费与营业收入之比为 2.27%,比规模以上制造业平均水平高 0.93 个百分点。在规模以上工业企业中,包括化学原料和化学制品制造业、医药制造业、黑色金属冶炼和压延加工业、通用设备制造业、专用设备制造业、汽车制造业、电气机械和器材制造业、计算机、通信和其他电子设备制造业等 8 个行业大类的 R&D 经费支出超过 500 亿元,占全部规模以上工业企业 R&D 经费支出的比重达到 66.1%。

创新型企业研发实力不断增强。《2019 欧盟工业研发投入记分牌》显示,2018 年中国有 507 家企业进入全球研发投入 2500 强,较上年增加 69 家。其中,华为以 127.6 亿欧元的研发投入总额排名第 5 位,占企业营业收入的 13.9%,远高于三星公司的 7.8% 和苹果公司的 5.4%。此外,阿里巴巴以 48 亿欧元的研发投入位居第 28 位,占营业收入的比重达到 9.9%。《2019 中国企业 500 强》中填报数据的 426 家企业投入研发费用 9765.48 亿元,同比大幅增长了 21.71%;企业平均研发投入为 22.9 亿元,增长 9.1%;企业平均研发强度增长至 1.60%,提高了 0.04 个百分点。

二、企业科技成果涌现提升创新能力

企业专利产出稳步提升。2019 年,我国共受理 PCT 专利 6.1 万件,同比增长 10.4%。其中,5.7 万件申请来自国内,同比增长 9.4%。2018 年,我国规模以上工业企业中有专利申请的企业比重达到 22.3%。2019 年,国内发明专利申请中企业比重达到 65.0%,较上年提高 0.6 个百分点。创新型领军企业专利成果尤为显著。IFI Claims 发布的《美国专利授权量统计报告》显示,2019 年华为和京东方在美国的专利授权量分别达到 2418 件和 2177 件,分别居第 10 位和第 13 位。世界知识产权组织(WIPO)数据显示,华为以 5405 项 PCT 专利申请数量和 3325 件 5G 标准必要专利申请量名列全球第 1 位,继续保持在数字通信领域的领先优势。

企业不断掌握核心技术。创新型领军企业不断提升核心技术研发能力,掌握产业发展主导权。华为麒麟芯片在高端旗舰芯片中稳居前列,不断缩小与高通的差距,为 5G 芯片打下基础。京东方推出了全球领先的 8K、柔性 OLED、X-Ray 传感、BD Cell、BOE 画屏、12 导联动态心电记录仪、数字人体、细胞膜片等创新技术和产品,成为全球半导体显示领域龙头企业。此外,中车的"永磁牵引技术"、"中低速磁浮技术",华大基因的"人类基因组测序技术",科大讯飞的"智能语音技术",格力空调的"无风制冷技术"、阿里巴巴的"800 芯片"、比亚迪的"IGBT4.0 技术"和"第三代双模(DM3)技术"等的出现,显示出企业核心技术研发能力增强。

三、创新型企业引领产业高质量发展

技术驱动型独角兽企业不断涌现。创新型企业依靠技术创新不断获取市场竞争优势和持续发展动力。这些企业通过自身的不断发展促进上下游产业的发展,有效创造高端供给,引领产业实现高质量发展。作为初创创新型企业的典型代表,独角兽企业的快速涌现显示了企业创新实力的整体提升。iiMedia Research 发布的《2020 中国独角兽榜单 TOP100》显示,中国独角兽企业中以技术为导向的高端制造和高新科技企业数量不断增多。除电子商务领域外,新能源汽车、硬件设备、区块链、人工智能、医疗健康等领域陆续出现一批优质的独角兽企业。例如,商汤科技和旷视科技估值分别居全球人工智能领域独角兽企业排行的第 2 位和第 3 位,平安医保科技、在线诊疗平台微医、联影医疗估值居全球医疗健康领域独角兽企业排行的前3 位,威马汽车和小鹏汽车都以 300 亿人民币的估值成为中国估值最高的新能源汽车独角兽,大疆创新、柔宇科技等硬件设备领域的独角兽企业实力逐步上升。

瞪羚企业快速成长且创新活力不断增强。作为创新性强、成长性好的高新技术企业,瞪羚企业的爆发式增长显示了企业技术水平的整体提升。全球 INS 大会研究院及其联合机构发布的《2019 年中国瞪羚企业数据报告》显示,2019 年中国共有 25057 家高新技术企

业入围瞪羚企业。其中,制造业的瞪羚企业高达9577家,占比38%;科学研究和技术服务业8170家,占比33%;信息传输、软件和信息技术服务业有2996家,占比12%。其中,武汉东湖光谷的瞪羚企业营业收入规模在亿元及以上企业数量达到43家,平均研发投入两年复合增长率为50.4%,累计申请发明专利3038件,累计拥有授权发明专利1063件。其中,集成电路和半导体显示领域瞪羚企业平均申请发明专利达到14.3件。

四、营商环境优化激发企业市场活力

企业市场活力不断增强。良好的营商环境为企业发展提供了政策土壤,世界银行发布的《2020营商环境报告》显示,2019年中国营商环境排名居第31名,比2018年排名提升15位,连续两年跻身全球营商环境改善最大的经济体前10名。根据国家市场监督管理总局数据,2019年全国新登记企业数量739.1万户,比上年增长10.3%,日均新设企业达到2万户,活跃度为70%左右。其中,新登记服务业企业594.7万户,比上年增长10.8%,占新登记企业数量比例达到80%以上。

优化营商环境强化制度保障。2019年国务院发布《优化营商环境条例》(国务院令第722号),从市场环境、政务服务、监管执法、法治保障等多个方面,将近年来各地区、各领域在优化营商环境方面行之有效的政策、经验、做法系统化、规范化。《优化营商环境条例》是我国制定的首部优化营商环境专门行政法规,以政府立法的方式为各类市场主体投资兴业提供制度保障,增强了营商环境建设的权威性和法律约束力。

"放管服"改革优化营商环境成效显著。"证照分离"改革进一步降低企业准营门槛。2019年,"证照分离"改革在18个自贸试验区开展全覆盖试点,基本实现企业开办不超过5个工作日,133.9万户企业通过简易注销退出市场,工业产品生产许可种类由24类压减至10类。规范涉企收费进一步降低实体经济运行成本。2019年价格监管力度持续增强,市场监管部门围绕涉企收费、电力等领域价格检查,责令退还多收价款13.6亿元。反垄断执法进一步营造了公平的市场环境。2019年共立案调查垄断案件103件,结案46件,罚没金额3.2亿元。审结经营者集中案件465件。不动产登记时间进一步压缩。2019年,全国超过九成的市县实现将不动产一般登记、抵押登记业务办理时间分别压缩至10个、5个工作日以内。

第六章 发展展望

2020 年是全面建成小康社会和"十三五"规划收官之年。面对更加复杂的国内国际发展环境,推进大众创业万众创新,要以习近平新时代中国特色社会主义思想为指导,深入贯彻落实党的十九大和十九届二中、三中、四中全会精神,大力实施创新驱动发展战略,以双创示范基地为重要抓手,用改革的办法进一步疏通堵点、缓解痛点、攻克难点,加强政策协同,不断巩固基础、完善生态、创新机制,全面落实支持创新创业创造的各项举措,推进创新创业向更高质量发展,不断为经济发展注入新动力。

一是推动创新创业体制机制更加完备。继续聚焦各项创新创业政策落实难点,探索建立政策横向协同、上下联动的机制,狠抓落地见效。深入推广全面创新改革试验经验成果,在金融创新、人才评价、区域协同等领域开展有利于各项制度成熟定型的集成化试点。持续优化营商环境,全面推进"证照分离"改革,健全工商登记管理系统,完善双创企业生产经营动态监测机制。制定完善专利、商标、版权侵权假冒判断、检验鉴定等相关标准,建立健全侵权惩罚性赔偿制度。研究探索创业保险制度,解决高层次人才和科研人员创业的后顾之忧。

二是强化落实创业带动就业重点任务。深化重点人群创新创业教育和精准培训,优化布局建设一批服务高校毕业生、退役军人、下岗职工、农民工、残疾人等重点群体的创业服务载体。加快创业教育改革,培育一批产教融合型企业和实训基地,研究制定创新创业课程建设指导标准,提升高校毕业生创业就业能力。顺应平台经济、共享经济、"互联网+"等新业态新模式发展态势,创新有效监管方式和模式,对初创企业吸纳就业困难人员和高校毕业生就业的,按规定落实好社会保险补贴政策,创造更多元、更稳定的新就业岗位。深入实施农村创新创业带头人培育行动,支持农村创新创业"引人""育人""留人"。

三是进一步支持平台载体建设。谋划一批务实举措,加大对双创示范基地的支持力度,研究出台提升双创示范基地带动作用的指导性文件。完善双创示范基地评估、数据通报、表彰激励等制度,开展示范基地动态调整,再设立一批新的双创示范基地。鼓励举办双创主题日,加大力度支持跨区域、生态化的重大双创支撑平台项目建设,打造重点领域体系化创新平台。探索举办国际化创新创业大赛、创投基金和创业交流论坛,合作建设各类创新创业平台,推进构建全球化创新网络。

四是加大创新创业金融支持力度。鼓励金融机构、保险机构创新金融服务手段和工具,开发知识产权、应收账款、股权等各类新型质押融资产品,提供更精细化金融服务。强化企业信用体系和信用信息服务能力建设,提高市场主体和创新主体违约成本,增加守信主体的便利度,优化基于信用信息的融资服务能力。补齐多层次资本市场体系短板,支持科创板在基础制度改革方面先行先试,推进创业板改革并试点注册制,加快完善新三板,选择若干区域性股权市场开展制度和业务创新试点。加快推进创业投资立法,对创业投资基金实施差异化监管,促进创新创业创造和创投融合发展。按照《市场准入负面清单(2019 年版)》规范创业投资基金工商注册,提高登记备案效率,加快推进依法设立全国性创业投资行业协会。推动单户授信 1000 万元及以下的普惠型小微企业贷款继续增量扩面。

五是推动大中小企业和各类主体融通创新。进一步发挥大企业的带动作用,鼓励大企业向中小微企业开放创新平台和资源,联合开发新产品、优化工艺流程,合作推广新技术新模式新产品。积极引导大中小微企业依据产业链供应链,协同承担国家重大科技任务和产业发展任务。继续开展大中小企业融通型和专业资本集聚型特色载体的合规性审核。深入推进国家战略性新兴产业集群发展工程,支持打造大中小微企业创新资源协同配套的产业链。

后　记

　　《2019年中国大众创业万众创新发展报告》是国家发展改革委组织编写的反映我国创新创业情况的第五份年度报告,由总论和六个章节构成。总论部分概要介绍了2019年全国大众创业万众创新发展现状,第一至第六章分别就创新创业环境、创新创业服务、创业融资、创业就业、创新创业成效、发展展望等情况进行了描述。

　　国家发展改革委高技术司和中国宏观经济研究院负责具体组织编写工作,科技部、工业和信息化部、农业农村部、教育部、人力资源和社会保障部、国有资产监督管理委员会、国家市场监督管理总局、银行保险监督管理委员会、证券监督管理委员会、中国科协创新战略研究院、科技部火炬中心、国家发展和改革委员会创新驱动发展中心、中国信息通信研究院、人事科学院、中国科学院科技战略咨询研究院、清科集团、佰职科技等单位相关人员参与了部分章节的撰写工作。全书由王昌林、罗蓉、刘国艳、姜江、曾红颖、蒋同明、邱灵、魏国学、刘方、张铭慎、成卓、韩祺、徐文舸、田帆、郭文波修改定稿。

　　在本书编写过程中,国务院有关部门为本报告的编写提供了许多宝贵资料和数据,"双创"示范基地提供了丰富的素材。同时,本报告也摘选引用了相关研究机构的研究报告内容。我们在此表示衷心感谢。

由于目前关于大众创业万众创新的统计尚待完善,加之我们对创新创业理论和实践的研究还不深入,书中难免有疏漏和不当之处,敬请读者批评指正。

编写组
2020 年 4 月

责任编辑：池　溢
封面设计：汪　阳
责任校对：梁　悦

图书在版编目（CIP）数据

2019 年中国大众创业万众创新发展报告/国家发展和改革委员会 编著. —
　北京：人民出版社，2020.7
ISBN 978－7－01－022214－1

Ⅰ.①2…　Ⅱ.①国…　Ⅲ.①劳动就业-研究报告-中国-2019　Ⅳ.①D669.2

中国版本图书馆 CIP 数据核字（2020）第 098889 号

2019 年中国大众创业万众创新发展报告

2019NIAN ZHONGGUO DAZHONG CHUANGYE WANZHONG CHUANGXIN FAZHAN BAOGAO

国家发展和改革委员会

人 民 出 版 社 出版发行
（100706　北京市东城区隆福寺街 99 号）

中煤（北京）印务有限公司印刷　新华书店经销

2020 年 7 月第 1 版　2020 年 7 月北京第 1 次印刷
开本：710 毫米×1000 毫米 1/16　印张：8.25
字数：107 千字

ISBN 978－7－01－022214－1　定价：26.00 元

邮购地址 100706　北京市东城区隆福寺街 99 号
人民东方图书销售中心　电话（010）65250042　65289539